五百旗頭　薫

〈嘘〉の政治史

生真面目な社会の不真面目な政治

中公選書

はじめに

日本列島が頻繁に震災や津波に襲われるようになった近年、歴史学が新しい意義と責任を持つようになったと思う。

一連の災害が起こる前、歴史について考える人が手にしたのは、過去が幾重にも重なって現在が成立している、あるいは、歴史は過去と現在の対話である、といった洞察であった。歴史の一つ一つの瞬間が、互いに働きかけ合いながら現在まで連なり、だからこそ、過去のどの時点も唯一無二であるし、現在と同じ過去はどこにもない。

しかし、災害報道で印象的であったのは、遠い過去に津波が到達した地点にまた到達したとか、逃げ方についての言い伝えをとにかく守った者が生き延びたといった、有無を言わさぬ先例の偉力

明治三陸地震津波（1896年）の記念碑
「高き住居は児孫に和楽　想へ惨禍の大津浪　此処より下に家を建てるな」とある（岩手県宮古市重茂姉吉地区）。

である。被災時代においては、過去のある時点に起きたことは、より直接的に未来のための指針となり、警告となるのではないか。

政治の歴史も、同じような役目を果たすことができるだろうか。

近年、政治の世界を襲ったのが、〈嘘〉の海嘯《かいしょう》である。強引なラベリングやフェイクニュースが作用して、イギリスではBREXIT《ブレグジット》、ヨーロッパ大陸諸国ではポピュリズム政党の伸張、アメリカではトランプ旋風をもたらした。

日本においては、政治への決定的な一撃はまだないように思われる。しかし気がつくと浸水しているという展開はありえそうで、もしそうなったならば、災後の史観に照らして、歴史学は怠慢の責めを免れないであろう。

私は日本政治外交史を専攻している。明治時代の政党政治とメディアについて研究するうちに、「嘘」というものに興味を持つようになった。

絶対の権力というものがあるとすれば、嘘はいらないであろう。何でも思い通りにできるのだから。それなりの野党や異議申し立てがあるからこそ、それを迂回するために嘘を使う。野党や異議申し立ての側も、権力と闘うために嘘を武器にする時があるだろう。嘘とは、政治の発達に伴うはしかのようなものである。はしかは重篤化しうる。

本書は、近現代の日本が経験してきた政治的な嘘を、いくつかの重要な次元に即して論じている。嘘にどう対応し、どう対抗してきたかも論じている。歴史研究から一気に現代への教訓へ論及することもある。

というのも、太古の昔から、人間のみならず動物は嘘をついてきたからだ。気の遠くなるような長い歳月、我々は騙し騙されてきたのであるから、たかだか一〇〇年や二〇〇年前の嘘は、現代の大気と光の下、無造作に素手で扱ってよいような気がするのだ。

そもそも動物が画期的に進化したのは、欺いたりごまかしたりする能力を得たからであった。アンドリュー・パーカー『眼の誕生――カンブリア紀大進化の謎を解く』は、五億四三〇〇年前、原始三葉虫が眼を備えたことの重要性を強調している[1]。いきなり捕食者は追うことができるようになり、獲物は逃げることができるようになった。隠れたり、周囲にとけこんだり、速くなったり、強くなったり強く見せたり、とにかくたくさん生まれたりと、利用可能な「ニッチ（生態的地位）」が激増した。これらの多くは、相手の視角の機能を妨げるものであった。

これがカンブリア紀の進化の大爆発につながる。ニッチが埋まると爆発は落ち着いたが、種は不可逆的に多様となった。現在、全動物の種のうち九五％が眼を備えているという。

中でも人類が発達したのはなぜか。イスラエルの歴史家ユヴァル・ノア・ハラリ『サピエンス全史』はこう説明している。[2] 直立歩行し、手が発達して道具を作れるようになったことや、重い脳を支えられるようになり、言語で意思疎通し協力し合えるようになったことは、よく知られている。さらには直立するためには腰まわりを細くしなければいけないので産道が狭くなり、まだ小さく未発達な状態で胎児を産まざるをえないため、生後に教え込むという社会化のプロセスが重きを占め、本能で知りえる以上のことを伝えられるようになった。

この人類の中でも我々ホモ・サピエンスが君臨しているのはなぜか。ハラリによれば、ホモ・サピエンスが七万年前から一万年余り前にかけてネアンデルタール人など他の人類を絶滅に追い込み地球上で繁栄したのは、「虚構」を生み出し信じる能力を持ったからだという。虚構としての神話を共有することで大きな集団を作り、虚構としての貨幣を発明することで広域の貿易を実現し、他の人類を圧倒したのである。

以上のことが正しいとすれば、我々は有史以来、というよりは先史以来、考えようによってはカンブリア紀以来、嘘をつく力を享受してきたといえよう。

嘘を広めたり、隠したり、暴いたりするメディアやテクノロジーが発達しているのとくらべて、嘘のつき方はより早く試し尽くされ、それほど変わっていないのではないか。だからこそ先例を見出し、その条件や射程や帰結を検討することは有益である。遠く離れた時代に跳躍することも許されるであろう。その意味で、被災時代の史観に適しているのだ。

嘘が国是にまでなったのは、終わりの見えない日中戦争や勝ち目のない日米戦争を戦った、一九三〇年代の後半から四〇年代の前半にかけてである。一九四〇年二月二日、衆議院本会議において立憲民政党の代議士斎藤隆夫は、当時の戦争が「唯《ただ》徒《いたずら》ニ聖戦ノ美名ニ隠レテ、国民的犠牲ヲ閑却シ、曰ク国際正義、曰ク道義外交、曰ク共存共栄、曰ク世界ノ平和、斯ノ如キ雲ヲ摑《つか》ムヤウナ文字ヲ並べ立テテ」、戦争終結の機会を逸し続けていると批判した。このいわゆる「反軍演説」のために斎藤は議員を除名されたのであった。[3] だが最悪の時代の嘘を描くだけでなく、気づくと浸水しているという状態を予防するために、より古い時代から考察を起こしている。

それにしても、第I部のように五〇〇年前から始めるのは、行き過ぎだと思われるかもしれない。日本の政治やメディアに不信感を持つ人も、社会や経済の信頼性は高いと考える人が多い。海外で日本の話を聞くと、特にその傾向が強いと思う。社会や経済についても気がかりなことが増えているかもしれないが、比較的には政治より評価が高かろう。その常識に逆らわず、生真面目な社会から不真面目な政治が生まれたのだと考えてみて、なぜそうなったのか、という問いを立ててみるとどんな歴史が描けるか。生真面目な社会からむきになる政党が生まれ、不真面目な政治を帰結しているのではないか。第I部はそのようなことを論じている。この生真面目な社会の原型が五〇〇年ほど前にできたという想定に基づいて、筆を起こしているのである。

第Ⅱ部は、嘘の分類から始めている。

嘘についての政治学的な研究は意外に蓄積されていない。国際政治学者のミアシャイマーが『なぜリーダーはウソをつくのか——国際政治で使われる5つの「戦略的なウソ」』を書いたのは貴重であった。[4] 国際政治では意外に嘘は使われない、というのがこの本の結論である。国同士が疑いの目で互いを監視しているからだという。半ば賛成であり、半ば反対である。なるほどどの国も騙されないよう心している。だが、あきらかに嘘だと分かることを、ある国が平然と主張することは珍しくはない。嘘で騙すことに失敗しても、嘘を押し付けるのに成功することはある。しばしばそれは大国である。国際政治の非対称や不公平や不条理を際立たせるのは、嘘の騙す力ではなく、まかり通る力である。その意味での嘘は多い。

ミアシャイマーは、嘘が多いのは国内政治においてであろう、と述べ、嘘を研究するなら国内政治の方が良いと予言した。この予言には賛成である。ただし、ミアシャイマーは国内政治で嘘が多い理由として、国民は自国の政府を信じる傾向が強いからだと説明した。これには半ば以上反対である。自国の政府を疑いの目で見ている国民は少なからずいる。トピックと状況に応じて、国外からの批判も影響力を持つ。だがそこで嘘と批判されたことも、時にまかり通ってしまう。権力の横暴を際立たせるのは、またしても嘘のまかり通る力である。

まかり通る嘘は、騙す嘘よりも恐らく有害である。

先に触れた『サピエンス全史』は、サバンナモンキーにもチンパンジーにも嘘はつけるという。

サバンナモンキーは、ライオンがいないにもかかわらず、ライオンがいるという鳴き声を発し、慌てて逃げた仲間のバナナを手に入れたりする。このようなただ騙す嘘と、多くの人々を長期にわたって組織する虚構とは、別物ということである。

なるほど本当に騙してくれるなら、嘘は虚構に対して毒にも薬にもならない。だが嘘が疑われ、あるいは露見し、それでも嘘が厚かましく繰り返されたらどうなるか。仲間の言葉を信じること自体がばかばかしくならないか。こうしてまかり通る嘘（本書では「横着な嘘」と呼ぶ）は、虚構と同じでないどころか、虚構を破壊してしまう。

虚構といえば聞こえが悪いが、フィクションのことである。「嘘を研究しています」と法学者に言うと、ほぼ必ず「フィクションとはどう違うのですか」と尋ねられる。フィクションとしての法の探求は、法学の根本テーマである。来栖三郎の『法とフィクション』が、古典に近い位置を占めているといえよう。来栖は嘘とフィクションの違いを、末弘厳太郎の論文「嘘の効用」とそれへの石井紫郎の批判とを参考に、こう説明している。[5]

大岡裁きにおいて、禁制の鴨を誤って殺した子供を救おうとする大岡越前が、鴨が生きていると言い張るのは、ただの嘘である。事実と異なるからだ。この類の大岡裁きに効用を認めたがる末弘に対し、石井は効用を認めるべきはフィクションであるとする。

フィクションは事実をいつわらない。いつわらないが、概念の力によって異なる結論を導こうとする。例えば古代ローマでは、重い障害を持って生まれた子をmonstrum（鬼子）とみなす法理があった。この子を育てられないと思って殺した母には同情の余地があり、殺人に問われるのは酷だという考えに基づく。この母は子を殺したが、殺したのは人ではなく鬼子であった、と構成して救うのである。母が子を殺した事実は認めるが、殺していないかのような判決を導くのである。

鬼子の法理には賛成できない。だが個別の法理の是非はさておき、フィクションとはこのような作用なのであろう。法をはじめとする様々な制度が、フィクションなしには成り立たない。

フィクションは事実から一歩距離を置くのであるが、事実を変えてしまってはいけないとも弁《わきま》えており、その意味で事実に対する遠慮や敬意を含んでいると思う。事実を平然と裏切る嘘がまかり通ると、フィクションの前提となるこの態度が破壊されてしまう。

横着な嘘を摘発し、ときほぐし、無効にするためには、嘘を鮮やかに粉砕したり、冷酷にすり潰したりするレトリックが必要である。レトリックも現実そのものから飛躍のある言語表現であり、嘘の親戚のようなものであるから、この闘いには何一つ安心できるものはなかろう。先例を参照し、識別力を高めるしかない、というのが本書の動機である。もう一つ気がかりなのは、嘘をつくのにくらべて、レトリックを生み出すには工夫と努力と時間を要するということである。

政治家にレトリックを一から考えさせるのは酷ではないか。近くにレトリックの工場兼貯蔵庫のようなものがあれば、政治家がそれを参照して活用することができる。明治期、政治と隣接していた文芸の領域が、こうした役割を果たしたのではないか。これが第Ⅱ部のテーマである。

嘘の土壌は恐らく二種類あり、第一には対立の過剰である。相手に負けまいとつい嘘に頼る。歌舞伎や政治小説が醸し出す秩序感覚をこれに対置して論じた。

第二には対立の不在である。強敵がいないとつい嘘に安住する。近代の政治がまず期待する強敵とは、野党である。登山や俳句の隆盛が準備した野党の道行きをたどってみた。


野党が生き延びるにあたって問題となったのは、与党との顕著な支持基盤の差異がないということであった。これに対し、政策基調には差異があり、有権者にそれなりの選択肢を与えていたようである。

そうなると、戦前に複数政党政治が発展するためには、大きな嘘が必要であったということになる。それは野党の政策基調と支持基盤との間の矛盾であり、それが深刻化しないよう緩和、調整、隠蔽することであった。

第Ⅲ部では、こうした役割を担った犬養毅と安達謙蔵とを軸に、政党政治の歴史を展望した。

二人が最後まで成功したわけではないが、野党内の矛盾に対して、寄せては返す波のように圧がかかった時、犬養と安達がこれらをかわし、持ちこたえ、退け続けたのは事実である。本書は、嘘を根絶できるはずだ、という嘘はつかない。ならば嘘を十字架のように背負う者が必要である。そのような人物がいたならば、欠点も含めて回顧しておくべきであろう。嘘をまかり通す人々とこれを指弾する人々との間で、絶滅危惧種となるのであろうから。

今の日本は、お金を使えない財政状態のはずである。ところが被災時代に入り、お金を使わない社会が望めないことも分かった。

そうなると、地域社会が身銭を切って、存続し、担税し、発展し、さらに発展しない状態に耐え、場合によっては撤収し、消滅しなければならない。こうした自助努力を求めるキャンペーンの下では、嘘の乱反射が始まる。

十分な見返りがあるという誘いの嘘。

このモデルをまねればうまくいくという気休めの嘘。

まだがんばれるという健気な嘘。

もっと助けがいるという欲深な嘘。

嘘ではない場合もあるから、始末に困る。幸か不幸か、日本ではこうしたキャンペーンが日露戦争以来、断続的に展開されている。それがもたらす作用や反作用についての経験が蓄積されている。第Ⅳ部は、こうした観点から近現代の日本の歴史と、その世界史的な意義を論じている。

本書は、嘘そのものについてよりも、嘘がどう発現するか、それにどう対処するか、に多くの議論を費やしている。嘘そのものについて、我々はかなりの厚みの共通の知識を持っている、という前提がある上に、論評や分析もさることながら対症療法でもいいから対処すべき状況である、という危機感もあった。

ただし本書で敵視した嘘の増大は、フィクションを支える力の衰退に加え、真実や意味やアイデンティティについて熟慮する力の低下と関係がある、とは考えている。何かを必死で隠し通そうとする嘘には、善悪はさておき人生で重要な何かについて考えさせる契機がある。だが本書で問題にしているような、横着にまかり通る嘘には、そのような契機が欠けている。この傾向が長く続いた場合に何が心配されるかについて、未来記の形で論じたのが補章である。

歴史家は未来を予測するのは苦手であるが、ひとたび予測を定めてしまうと、その結末を目指して未来記を書くことは意外に得意である。振り返れば本書で過去を描いた部分も、実は全て未来記のつもりで書いた。今いる我々の誰にでも体験しえて、見聞しうることとして書いたということである。もっと文脈や留保、起こりえた他の可能性やありうる他の解釈を書き込み、そこで示唆を受けた先行研究にも言及すべきであったかもしれないが、一目散に持説を述べることが多かった。被災時代の歴史学に免じてお許しいただきたい。

本書は歴史上の嘘とレトリックを例解する。引用に際しては適宜、振り仮名と濁点、句読点を補った。

注

1　アンドリュー・パーカー（渡辺政隆・今西康子訳）『眼の誕生――カンブリア紀大進化の謎を解

く』（草思社、二〇〇六年）三三三～三三七頁、三六二頁。
2　ユヴァル・ノア・ハラリ（柴田裕之訳）『サピエンス全史』上（河出書房新社、二〇一六年）第一章、第二章。
3　「大木操関係文書」四五―五（国立国会図書館憲政資料室所蔵）。
4　ジョン・J・ミアシャイマー（奥山真司訳）『なぜリーダーは嘘をつくのか――国際政治で使われる5つの「戦略的なウソ」』（五月書房、二〇一二年。中公文庫、二〇一七年）。
5　来栖三郎『法とフィクション』（東京大学出版会、一九九九年）Ⅰ注18。

〈嘘〉の政治史

目次

はじめに　iii

Ⅰ 〈嘘〉の起源――生真面目な社会

歴史をとらえる　5

第1章　職分から政党への五〇〇年……10

i　職分　10
根本中堂五〇〇年　職分社会　江戸時代

ii　政党　16
明治維新と三つの伝統　立憲主義に先行する政党
野党という岐路　釣った魚にエサはやらない　負け
馬に乗る　明治憲法の原理主義

iii　忘れるほどに歴史は繰り返し　26
戦後憲法と与党事前審査制　冷戦後の政治改革　五
〇〇年の旅を終えて

Ⅱ　レトリックの効用――〈嘘〉の明治史

横着な〈嘘〉への対処法　35

第2章　福地櫻痴の挑戦……42
輿論を求めて　社説の誕生　「漸進主義」とは？
上野公園の儀礼空間　立憲政体と「横着な嘘」　歌
舞伎の政治空間

第3章　循環の観念……59
近代日本のトラウマ　横着の予告　亡国の遺臣
立憲制を広げたもの――政治小説の論理と出自　政党
の明暗を分けたもの――インスピレーション　循環の
観念の遍在　循環の観念の衰退　戦後日本の使命

第4章　五／七／五で嘘を切る……80
権力者の嘘／挑戦者の嘘　対立を乗りこなす　明治

の野党　野党を嘘から救うには　「北人の内閣」
日本を愛する〈科学的〉理由　野党を支えるレトリック――本領と希望　俳句の実験　形成期の立憲制と再編期の文芸

Ⅲ　野党 存続の条件

政党の〈嘘〉の功罪　99

第5章　複数政党政治を支える嘘……111

i　進歩政党、統治の焦点へ　111
支持基盤と政策基調　党内の統治構造　統治の焦点

ii　犬養の原点　118
生い立ち　草創期の政党体験　焦点への浮上

iii　安達の原点　128
生い立ち　熊本国権党の選挙体験　焦点への浮上

iv　焦点の犬養　135
政務調査　「根本方針」　漂流　政友会への合流と五・一五事件
v　焦点の安達　148
政論の抑制と正論への帰依　憲政会から民政党へ　選挙の神の御利益　迷走　脱党
vi　嘘の定点観測を終えて　163

Ⅳ　地方統治の作法

〈嘘〉のある号令と、呼応する人々　177

第6章　人類を鼓舞してきたもの……183
世界史への回り道　身分制社会――循環する美徳と情念　近代国家――不仲な双生児、イデオロギーと利益　ガバナンス――希望

第7章　受益と負担の均衡を求めて――近現代日本の地域社会……198
i　早かった日本のガバナンス　200
明治地方自治制の成立　集落機能の残存　地方改良運動
ii　二つの反作用――受益の要求噴出と負担の合理化　206
地方利益運動　生活改善運動
iii　集落――動員・民主化・再動員の単位として　213
動員の単位としての集落　受益と負担の均衡は平和と自由の生命線だった　戦後の新生活運動　土地改良事業に見る負担と受益　受益と負担の乖離がもたらすものは嘘ばかりではなく
補章　一〇〇年後の日本――昆虫化日本　越冬始末……237
あとがき　246

〈嘘〉の政治史

I

〈嘘〉の起源——生真面目な社会

歴史をとらえる

この文章は、一五〇年前の明治維新を特に記念するつもりのない方々に読んでいただきたいと思っている。そのような文章の存在価値はあると思う。二〇一八年に迎えた「明治一五〇年」は、五〇年前の「明治一〇〇年」ほどには盛り上がらなかった。戦後国家の成熟、もしくは勢いの喪失、という事情が背景にあると思っている。その前年、『日本歴史』という雑誌の「はがき通信」欄に、このような文章を載せた（二〇一七年九月号）。

来年に向け明治一五〇年が喧伝されているが、今一つ盛り上がらない。政府も既存研究の英訳を助成したり、何をすればよいか学者に尋ねたりで、批判するにも張り合いがないのだ。田沼意次が側用人になったのが一七六七年であるから、資本主義二五〇年を今年祝う方が、私は気が利いていると思う。腐敗二五〇年を記念する人々が現れればなお面白い。要は自らが勉強のきっかけにすればよいのである。

無遠慮で投げやりではあるが、一理あると思っている。切りの良い年月が経ったからといって、そのイベントに注目する根拠はない。それを推進する側に勢いがなく、故に批判する側にも勢いがなければ、盛り上がらないのは仕方がない。

盛り上がらない、より学問的な理由は、歴史研究の進展による時期区分の流動化である。近代と近代以前の連続性を指摘する研究が蓄積されているから、明治維新から何かが始まったと叙述することは、格段に難しくなっている。そこに目をつぶるとしても、今度は一五〇年前から今までをどう区分するかが難しい。戦前と戦後の区分も相対化され、連続性を指摘する研究が増えているのであるから。

もう一つ、理由があるとすれば、我々の寿命が延びたことだと思っている。平均寿命を単純に比較すれば、明治一〇〇年にあたる一九六八年には、男性は六九・〇五歳であり、二〇一八年の八一・二五歳とくらべて一二年余り短いだけである。女性は一九六八年には七四・三〇歳に達しており、二〇一八年の八七・三二歳とくらべて一三年短いだけである。だがこの一九六八年には敗戦以後に生まれた者が二割ほどしかおらず、米ソ核戦争の可能性で世界を震撼させたキューバ危機（一九六二年）の際に九歳以上だった者は九割近くを占めていた。これに対して戦争による集団的な生の中断を目撃した人が減り、栄養と医療に恵まれ、人生一〇〇年といわれる今、一五〇年は恐らく中途半端である。気の遠くなるような歳月を把握し、理解し、そのことで自分の人生を超えた視野を得たいと望む人にとって、一五〇年はもはや、畏敬すべき、挑戦すべき長さではなくなっている。

それでも一五〇年というまとまりは大事だと思う。例えば三〇年が五回繰り返されたと考えれば、各回に明確な個性があることに気づかされる。

第一回の、一八六八年から九八年は、国民国家の形成期といえる。日清戦争（一八九四～九五年）や、短命ながら初の政党内閣（隈板《わいはん》内閣、一八九八年）も経験した。

第二回は一九二八年までである。前年に憲政会から立憲政友会への政権交代があり、この年には男子普通選挙が初めて実施されている。戦前の政党内閣制が確立したといえる。

第三回は一九五八年までである。総力戦・敗戦によって分断されているのだから、一つのかたまりではないのかもしれない。しかし、行政国家化という連続面と、帝国の崩壊という断絶面を含みつつ、戦後の政党内閣制が確立した時代ではある。自民党の岸信介内閣が警職法改正に失敗し、革新勢力の抵抗力が証明されたのが五八年であった。それは二年後の安保闘争の前哨となったのである。見方を変えれば、戦前からの左右の革新勢力が破壊力をほぼ発揮し尽くし、体制内化していった時代ともいえよう。

第四回は一九八八年までである。この年にリクルート事件が発覚し、翌年にベルリンの壁が崩壊するまでの間、自民党政権と冷戦という大枠の中に内政と外交が収まっていた時代であった。

最も個性を言い表しにくいのが、第五回、つまり平成の三〇年間である。第五回まで来てオチがつかないもどかしさは、平成史研究の発展を促すかもしれない。

一五〇年というまとまりの、より顕著な意義は、ここで戦前と戦後が同じ長さになったことにある。日米開戦（一九四一年）まで七三年、敗戦（一九四五年）からも七三年である。戦前と戦後の連続性は重要であるが、ここしばらくは戦前の経験をマクロに総括し、戦後の我々にとって持つ意味を考えることを、私としては優先したい。

もう一つの連続性、つまり明治維新とそれ以前との連続性はどうしようか。ここに目をつぶってしまうと、非常に人工的で窮屈な起点から叙述を始めることになってしまう。それは避けたい。そもそも一五〇年を論ずるのが実証史家にとっては大風呂敷である。風呂敷を広げる座敷が狭いのは、やりきれない。

いっそ、この五〇〇年を視野に入れた上で、直近の一五〇年を論ずることにしたい。

というのも、後で述べるように、日本では五〇〇年ほど前に職分に精励することを尊ぶ社会ができたと思われるからである。今、我々の政治に嘘が含まれているとしたら、生真面目な社会から不真面目な政治が生まれたということになり、『〈嘘〉の政治史』と称する本書としては捨て置けない。このことを考えるためには、五〇〇年の長さで考えなければならないのだ。

五〇〇年となるともはや風呂敷どころの騒ぎではなく、荒縄で大くくりにくくってもくくり切れないであろう。私は明治十年代（一八七八～八七年）を狭義の専門にしている。専門から離れるほどに、人の研究に頼り、人の研究も最先端の研究というよりは定評ある研究に頼らなければならなくなる。しかしそこで得る批判はきっと私には新鮮であろう。要は自らが勉強のきっかけにすればよいのであり、この勉強は、自分の人生の短さを知り、認めるためのよすがとなるだろう。

第1章　職分から政党への五〇〇年

i　職分

根本中堂五〇〇年

ほぼ五〇〇年前、一五一八年の五月（永正十五年四月四日）に、比叡山延暦寺の根本中堂が落慶供養を迎えた。根本中堂は最澄が七八八（延暦七）年に建立した延暦寺最初の堂宇であり、総本堂である。だが度々焼失し、その度に再建された。焼失が頻繁であったのは、武家との争いのためである。

一四九九（明応八）年、比叡山は北陸に逃れた前将軍足利義稙《よしたね》（義尹《よしただ》）に味方し、京都の将軍義《よし》澄《ずみ》（義高《よしたか》）方と対峙した。二人の将軍の争いは各地に波及し、戦国大名が形成される画期となった。

比叡山はこれに加担したのであるが、義澄を擁立する細川政元の攻撃を受け、根本中堂のみならず、大講堂をはじめとする主な堂舎のほとんどを焼き払われてしまう。

朝廷に繰り返し復興を要請した結果、ようやく根本中堂は再建されたのである。落慶供養の図面を見るに、正面一一間、側面六間で、六間のうち二間の外陣がさらに上礼拝堂と下礼拝堂に分かれ

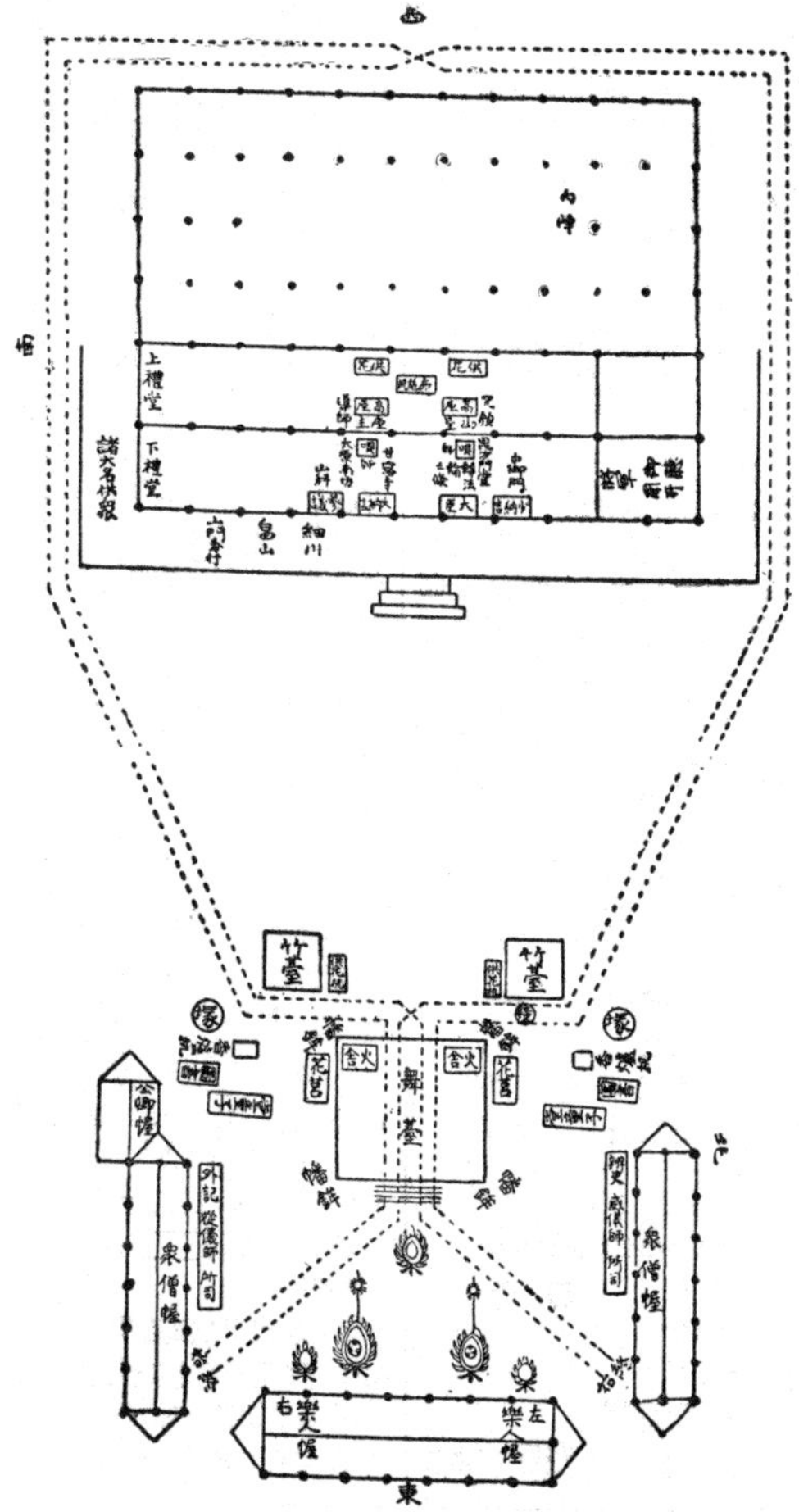

延暦寺根本中堂落慶供養　上図の右から将軍（義稙）、勅使の中御門、甘露寺、山科、有力大名の細川、畠山らの文字が見える。「永正十五年中堂供養記」（『群書類従・第二十四輯』収載）より作成。

ており、今日につながる間取りが成立している。将軍に復帰していた義稙と有力大名、そして勅使が参会していたことも分かる。

だが寄進が思うように集まらず、他の堂舎の再建は進まなかった。織田信長による焼き討ちを待つまでもなく、比叡山は荒廃していたのである。京都への補給線である琵琶湖を見下ろし、多数の荘園を支配し、宗教のみならず政治・軍事・経済にまたがる威信を誇った比叡山の、終わりの始まりであった。

職分社会

なぜ比叡山の荒廃が、五〇〇年史の起点になるのか。近世日本が、職分社会として成立する経緯を象徴しているからである。

西欧の封建制が権利の体系であるとしたら、日本の近世は職分の体系である[1]。権利は、これに対応する義務さえ果たせば、どう処分するかが原則として権利者に委ねられている。これに対し職分は、家に伝わる職業的なミッションであり、ミッションを果たす限りにおいて、身分が低くても自己主張ができる。果たさないと、身分が上でも追及を受けることがある。ここまで果たせばあとは怠ってよい、という境界はない。

したがって、職分社会は世襲と能力主義という矛盾をはらんだ傾向を併せ持つ。二つの傾向の接点で大きな役割を果たしたのが、養子であった。養子によって家は存続したし、家督を継いだ養子は実子以上に家職を果たし、自らを証しようとすることがあった。

根本中堂の落慶供養が行われた十六世紀に、日本はヨーロッパを含む国際社会に登場した。そうさせたのは、こうした職分社会の活力であった。十六世紀の終わりから十七世紀のはじめにかけて、世界の銀生産は年間ほぼ四二万キログラムであったといわれる。利用可能な統計に不整合はあるが、そのうち二五万キログラムがボリビアのポトシ銀山から掘り出された。他方で日本の銀輸出額は二〇万キログラムであったという。灰吹き法という精錬技術がこれに寄与したが、この技術は中国・朝鮮が先行していたので、技術を活用する社会基盤がパフォーマンスを分けたといえる。それは、日本における自立的で有能な職人や農民たちの存在であった。銀山が発見されると、銀鉱石を掘る職人、精錬する職人、職人を養う食糧を生産する農民が集まり、一定の自治のもとにたちまち一万人規模の都市が山中にできた。日本は、国際的な決済手段としての銀を大量に供給する職分社会として、世界史に登場したのである。[2]

政治において遂行されたのも、職分の体系の確立であった。天下統一のためには、百姓と宗教勢力から際限なく軍事力が供給される状況を根絶しなければならなかった。

信長は一向宗を弾圧するとともに、一五七一（元亀二）年には比叡山を焼き討ちにした。根本中堂をはじめとして、全山が壊滅した。

信長の死後、十六世紀の最後の一〇年に全国統一を成し遂げた豊臣秀吉は、兵農分離を強力に推し進めた。彼は頻繁に大名を転封し、個々の住民に、侍として君主に随行するか、百姓として土地に残るか、の選択を強制した。例えば一五八五年十月（天正十三年閏八月十八日）に大和の筒井定次は近江坂本に呼び出され、伊賀への転封を命じられた。翌日、定次は帰国し、その五日後には国衆を連れて伊賀に入らなければならなかった。同じ日には、残った者からの武器の没収が始まっている。猶予というものがなかった。

秀吉は政治と宗教の分離も推進し、カトリックを追放した。海外で改宗した日本人が帰国するのを防ぐことを主な目的として、鎖国を導入した。十七世紀に入ると徳川幕府が成立し、鎖国も継承した。

根本中堂は豊臣政権の下で再建された。だが比叡山の往年の政治力は再建されなかった。徳川家康が発したという触れ込みで流布した「公武法制応勅十八箇条」（『徳川禁令考』前集第一）には、かつて比叡山が京都の鬼門を守り、「天魂」の怒りを代弁していたこと、このような役割は江戸への政務委任により過去のものとなること、が記されている。偽書であるだけに、武家政権の確立と比叡山の政治的没落を表裏一体と見る通念が確認できる。

江戸時代

とはいえ、武家による統治も容易ではなかった。権利と権利が相互に抑制し合うように、職分と職分が相互に牽制し合うことがあるからである。

江戸時代、農民はしばしば一揆を起こした。一揆は負けるとは限らなかった。農民たちは、年貢が重すぎて自分たちの再生産ができず、したがって生産するという職分が妨げられていると主張できたからである。これに対し大名には、領内を平穏に統治する職分があった。たとえ将軍への忠誠義務を果たしていても、「家中領内の政教宜しからざるがゆへに」転封改易の対象となった（『廃絶録』下巻）。江戸幕府は封建制ではあったが、将軍が強く、大名が弱い封建制であった。一揆のことが幕府に知られると、うまく治まっていないという弱みになるため、大名はしばしば一揆に妥協したのであった。

それでも一揆が一方的に弾圧されたというイメージが強いのは、事後の処罰が苛酷だったからであろう。あれだけ勇敢に争った農民は、驚くほどの従順さで首謀者への処罰を受け入れた。今度は大名が、統治の職分を果たす番であったからである。[3]

天皇は将軍に統治の資格を認め、公家も神官など様々な家職の継承・更新を認める立場から一定の収入を得ることがあった。朝廷は、職分認定機関として生き延びたといえる。

その後、職分の観念は、これに随伴する家や身分の観念が弱体化し、職業間の流動性が高まったにもかかわらず、個人の職業倫理としてある部分は現在まで残存しているようにも見える。そうだとしたら、勤勉な日本社会の起源は、少なくとも五〇〇年前までは遡ることができる。

ii　政党

明治維新と三つの伝統

とはいえ職分社会のままでは、国民国家も産業革命も成立しなかったように思われる。職分社会は、近代日本に何をもたらし、どう変容していったのであろうか。

将軍も職分から自由ではなかった。圧倒的な力で朝廷と人民を守るという職分があり、これを守れないと権威を失う。先に触れた「公武法制応勅十八箇条」にも、「四海鎮致しがたき時は、其罪将軍に有べし」と記してある。

一八五三（嘉永六）年の黒船来航を契機に、幕府は開国を決断していく。それは合理的な判断であったが、弱さを認めた幕府の権威は急速に衰え、王政復古の号令となった。一五〇年前、一八六八年一月三日（慶応三年十二月九日）である。これを主導した薩摩と長州の下級武士が次第に新政府の実権を握り、薩長藩閥政府を樹立した。

王政復古後の戊辰戦争では、均質な兵卒が指揮官に従うという、西洋式軍隊が勝利を収めた。そのためには、一人の騎馬武者に供が従うという近世的な編制を解体しなければならなかった。戦争に巻き込まれた人々は、身分制の崩壊を目の当たりにし、秩序感覚や紐帯《ちゅうたい》を喪失した。これにかわる紐帯として、雨後の筍のように登場したのが結社である。[4]

結社はアノミー（無規制状態）からの避難場であったから、何を行い、主張するかは二義的であった。そう考えると、同じような境遇のメンバーからなる結社が、異なる目標を追求したことが理解できる。戊辰戦争での栄光と雇用の延長として朝鮮・清朝との戦争を主張したり、これからは国を豊かにしなければならないとして開墾や起業を試みたり、立憲制導入を主張して自由民権運動に参画したりしたのである。同じ結社が時期によって異なる目標を追求したこともあるし、同時に複数の目標を追求したこともある。

こうして一八七〇年代には、大陸進出、経済発展、立憲主義という三つの路線が短期間のうちに支持基盤を見出し、激しくせめぎ合った。[5] 人はこの時代を見て、近代日本の伝統は帝国主義なのか経済成長なのかを迷い、いや、民主化の伝統がはじめからあったと考えたりもする。複数の伝統イメージの根底にあったのは、明治の結社の普遍性と、無目的性であった。

立憲主義に先行する政党

職分の体系は開国後の幕政を妨げただけでなく、新政府による近代国家形成を、そのための地域住民の動員を、妨げた。農民は、新たな支配者に税金を払うことは受け入れた。生産し、年貢を納めるのは職分であったから。だが徴兵はもちろんのこと、学校や衛生やその他の社会インフラのための追加の負担は、職分の想定外であった。

外の市場に通用する産業を発展させる上でも、職分の体系は不都合であったろう。職分は、有望な産業への労働力の移動を奨励する原理ではなかったから。

一八七八（明治十一）年には、政府は三新法（郡区町村編制法・府県会規則・地方税規則）を定めて府県議会の設置を義務づけなければならなくなっていた。地域の代表が話し合って同意した事業と予算だから従え、という論理が必要だったのである。

全国レベルでも国民の創出・動員が必要であったが、恐らく一番高いハードルは徴兵制の導入であり、既に一八七三年に断行し、これに反対する血税一揆も鎮圧済みであった。憲法の制定は一八八九年、国会開設は一八九〇年まで持ち越された。

地方レベルと国レベルで議会開設に時差があったことは、重大な結果をもたらした。既に一八八〇年代を通じ、自由民権運動から政党が派生し、地方議会に勢力を植え付け、結社を糾合し、さらに機関紙を育成し、憲法と国会を待ち構えていたのである。自由党の結党が一八八一年、立憲改進党は翌八二年であった。

明治憲法は、ドイツ諸邦を中心とする先例を参照し、君主権や行政の自律性を保つよう配慮したものであったが、政党は自らに有利な解釈や運用を目指して直ちに闘争を開始した。人気があったのはイギリスの議院内閣制である。イギリスは不文憲法である。日本が明文の憲法の不文の運用で議院内閣制を追求して、何が悪いのか。元大蔵卿であった大隈重信率いる改進党は、政策能力を誇示して藩閥に挑戦した。戊辰戦争の軍事指導者であった板垣退助が自由民権運動主流の自由党を率いていたが、これに追随した。

衆議院が予算に対する事実上の拒否権を持っていたため、この潮流を拒絶し続けることは難しかった。藩閥指導者にとっての究極の課題は、この移行のプロセスを拒否することではなく、このプロセスを自らが制御し、権力を保持することであった。

一〇年もたたないうちに、藩閥筆頭の伊藤博文がこの課題を受け入れた。一九〇〇年、伊藤は自由党系と合体して自ら政党の総裁となった。立憲政友会と呼ばれ、日本の保守政党の起源となった。藩閥内では、より保守的な山県有朋が伊藤を批判し、藩閥内の主導権を掌握した。だがやはり一〇年ほどで、山県の後継者の桂太郎も政党結成の必要性を認めるようになった。一九一二（大正元）年に始まる大正政変に際して、大隈系と合体して新党を作ろうとし、その死後、一九一三年に立憲同志会が成立した。一九二〇年代には、二大政党の間の政権交代と政党内閣制が慣例化した。

野党という岐路

この考察は、政党政治の発展を必然視しすぎているのかもしれない。では歴史に岐路があったとしたら、それはどこにあったか。およそ政党が発達するのは必然に近かったとして、一つならぬ複数の政党が存立し、政治対立が機能するか、つまり複数政党政治になるかどうか、が岐路であった。

自由党と改進党は、結成直後から反発しあっていた。どちらも民権派政党でありながら、一八八三（明治十六）年半ばには自由党が「偽党征伐」と称して改進党を攻撃し、批判の応酬となっている。政党は結社の束として速やかに発達する一方で、他の政党を認める習慣が弱かったのであろう。

というのも、当時の日本人の政党理解の糸口となったのは、儒教の「朋党《ほうとう》」の観念であった。利益を目当てにした小人《しょうじん》の「党」を批判しつつ、徳義で結ばれた君子の「朋」を承認するものであった。だが複数の「朋」が競い合うことは想定されていなかった。皮肉なことに、こうした政党観が海外の流行でもあった。当時のイギリスでは、第二次選挙法改正（一八六七年）による有権者の増大を契機に、名望家政党から組織政党へと移行しつつあり、組織政党はより排他的で闘争的であった。[6]

「偽党征伐」を主導した自由党の星亨は、理非を超えた闘いに党員を巻き込むことで、組織政党の存在性格を取り入れたと解することができる。かくして、結社の無目的性は政党へと引き継がれた。

職分が要請する一所懸命さや、それによって得られるプライドや帰属意識が、ここには継承されていた。しかし職分はそれだけではなく、異なる職分を通じて有機的な全体に奉公しているのだという意識をも、伴っていたと思う。だから荻生徂徠《おぎゅうそらい》は、士農工商いずれも「役人」だと述べたのである。これに対して近代日本の政党には、自らを政党システム全体の一部と自覚し、他の政党を同じ一部として承認する姿勢が弱かったように見受けられる。こうした職分の改編は、今日にまでインパクトを及ぼしている。そう思って、五〇〇年史と称している。

この五〇〇年は、特に嘘を考える上で重要である。生真面目な社会を前提に、早くからかなり帰属意識の強い政党が成立した。政党が競い合えば、嘘の相互牽制が期待できる。ところがそれぞれの政党の存在が自己目的化し、互いに争いすぎると、なりふり構わぬ嘘に訴えかねない。不真面目な政治を、帰結してしまうのである。

当時から政党は、人間関係に基づく団結に過ぎず、政策よりも感情や利害に基づいて争っている、という批判を受けていた。陸羯南《くがかつなん》が「政党も亦朋党のみ、争利の徒のみ」と新聞『日本』の社説に記したのは、その一例に過ぎない（一八九一年六月三十日）。二つの党の競合を、源平や南北朝にたとえる論評も多かった。

もっとも、政策の違いがないというのは正しくはない。政党に帰属する者は、それを体現する大義を求めるものである。劣勢な側ほどそうである。現に大隈系の方が財政のプロとしての意識が強く、財政支出削減の志向が強かった。また、藩閥よりすぐれた外交的成果を約束しようとして、対外硬を唱えた。どちらの主張も国民に選択肢を与えた。

だがこうして創造された政策基調が、それに対応する社会的基盤を見出すとは限らない。都市化や労働者・小作人による社会的対立はあったが、どの勢力がどちらの政党を支持するかは地域ごとの事情に左右された。

ならば、与党がより多くの資源を享受する中、長く野党の立場で大隈系が生き延びたのはなぜか。支持基盤から説明できないならば、どこから説明するのか。本章では、党拡大のためのリーダーシップから説明したい。それはしばしばリーダーシップと呼ぶに値しない代物に見えながら、なぜか機能してしまうのであった。その不思議を解明したい。

釣った魚にエサはやらない

日本の野党の作り方には二つの秘訣があり、第一は〈釣った魚にエサはやらない〉、第二は〈負け馬に乗る〉である。[7]

〈釣った魚にエサはやらない〉から説明する。大隈は政党の指導や育成に必ずしも熱心ではなかった。よく言えば放任、悪く言えば無責任であった。

したがって、大隈系政党の組織は弱かった。一八八四（明治十七）年には、改進党の中で解散論が台頭した。反対意見も強く、両派の対立で、党は分解の危機にさらされた。責任あるリーダーであれば、解散論を抑えるか、両派の調停に努めるであろう。ところが大隈は他の最高幹部とともに、勝手に脱党してしまった。残された党員は呆然として、内部対立は立ち消えになってしまった。大隈の助言者の中には、大隈を弾劾する非公式会合を開かせて不満を発散させるべきだ、と提案する者すらいた。自らが無責任に振る舞うことで大隈は、党組織に最小限の団結とパッションを与え、持久戦に備えたのである。

指導者がこの有様であるから、遺された党組織は不活発であり、選挙には弱かった。そこで、党外の勢力を引き込むことで、組織の規模を維持し、拡大した。ライバルの自由党の中にシンパを作ったり、伊藤の外交に不満な対外硬派に接近したりした。こうした勢力を吸収して、一八九六年には進歩党を結成し、自由党に匹敵する勢力となった。

党外から大隈に接近しようとする者は、既存の大隈系政党の幹部を批判し、自らを売り込むことが多かった。大隈系政党が大隈に冷遇されているのを見て、自分たちに参入する余地があると判断していたのであろう。大隈が釣った魚にエサをやらないのは、新しい魚を釣るためだった。

その後、大隈系政党は再び衰退するが、一九一〇年には政友会の優位に反発する勢力と合同して立憲国民党を作り、一時的かつ限定的ながら勢いを盛り返している。

負け馬に乗る

次に、〈負け馬に乗る〉である。大隈系政党が外部の勢力を糾合する経緯を注意深く観察すると、より大きな勢力を作るチャンスや、政権を獲得するチャンスをしばしば逃している。進歩党結成の際には、側近の尾崎行雄が第二次伊藤内閣の外交への批判をことさらに急進的に行い、これについていけない勢力は進歩党に参加しなかった。

立憲国民党結成の際には、桂に親しい勢力も含めようという大合同論と、これを排除する小合同論が対立していた。犬養毅が強硬に小合同論を主張したため、国民党の勢力は政友会にはるかに及ばないままであった。

これらの限定的な合同の結果、合同しても元の大隈系政党が大きな比重を占め、新党内での指導力と野党としてのエートスをかろうじて維持することができたのであろう。大隈自身は、来る者は拒まず去る者は追わず、というスタンスであったが、それを支える幹部は常に排除の論理を作動させなければならなかった。尾崎も犬養も包容力のあるリーダーに育たなかった背景には、その性格と同時に、負け馬に乗ることの副作用があったのかもしれない。

国民党内で犬養に反発する人々が増え、桂の新党に合流した。その結果、桂新党は国民党色が強まり、幅広い勢力の糾合に失敗した。桂が政権を失い、その後病死したこともあり、立憲同志会は大隈色の強い政党となったのである。

同志会を基盤に、大隈は一九一四（大正三）年に政権に復帰した。大隈内閣の与党が一九一六年に合同し、憲政会になった。かねてから合同交渉はあったが、妥結したのは内閣退陣の直前であり、次の寺内正毅《まさたけ》内閣に敵視される形勢が判明しつつある中での結成であった。案の定、次の選挙で惨敗した。

憲政会は一九二七（昭和二）年、他の政党を吸収して立憲民政党になった。これも憲政会（若槻礼次郎内閣）が政権を失った直後のことであった。やはり次の選挙で議席を減らした。

憲政会も民政党も、来るべき選挙の苦戦を前に身を寄せ合ったという側面はある。しかし同時に、苦戦で陶冶《とうや》されることで、自党のエートスが新党に浸潤するタイミングでもあった。

何とか負け馬に乗り続け、最後は勝ち馬に乗った。「苦節十年」と呼ばれる低迷期の末、一九二四年からの政党内閣期には、この憲政会・民政党の方が政友会よりも長く政権を担当した。

明治憲法の原理主義

このようにして複数政党制は確立したが、政党は一九三〇年代に入ると政権を失ってしまう。憲法には政党や議院内閣制への言及はない。政党は誰よりも憲法を円滑に運用している限りでのみ支配が認められた。その意味で、またしても権利ではなく職分――うまく治めている限りは治めてよい――による統治であった。

しかも政党はこの職分を演出するにおいて、将軍ほど巧みではなかった。江戸城本丸御殿の数多《あまた》の部屋や畳や行列の格式の違いによって御威光を示すようなことはできず、権力の簒奪者《さんだつしゃ》というイメージを払拭することは難しかった。官僚制に侵入し、系列化し、そのリソースを利用するという点で、政党の振る舞いはあまりにも無遠慮である、と多くの国民は考えた。

不文憲法と、成文憲法に基づく不文の慣行とは、やはり同じではないのであろう。慣行がうまく機能しなくなると、成文憲法通りに統治すべきであるという強いプレッシャーが働くからである。

一九三〇年からの昭和恐慌や三一年の満洲事変によって統治能力が疑われると、政党は急速に支持を失った。一九三五年には、政党内閣を擁護する美濃部達吉の著作が発行禁止となった。美濃部の批判者は、「国体明徴」をスローガンにすることができた。そこには、天皇を敬うだけでなく、欽定憲法に忠実であれ、という意味が込められていた。だが忠実とはどういうことか。

条文には、常に解釈の余地がある。解釈を導くのは憲法の精神であり、それは様々な限界や条件は課されているものの、個人の権利を尊重し、政治参加を認める立憲主義である。憲法制定後の運用や慣行を否定する原理主義は、憲法に忠実に見えて、憲法の精神の形骸化を伴うことがある。一九三〇年代の日本で台頭したのは、このような意味での原理主義であった。

iii　忘れるほどに歴史は繰り返し

戦後憲法と与党事前審査制

一九四五（昭和二十）年、日本は敗戦を迎えた。一九四六年に制定され、翌年に施行された日本国憲法は議院内閣制を規定した。それは、戦前の政党が運用として目指していたものを公式の制度にしたといえる。さらに選挙権は成人の男女に認められた。戦後の政治体制の基本形は、イギリス型であった。

だが、人権関係の規定や国会関係のルールにはアメリカの影響が流入した。GHQの提案により、国会は「国権の最高機関」であると憲法第四一条に謳われた。GHQの度重なる指示に、権限を拡大したい衆議院側の思惑が加わって、一九四七年には国会法が成立した。国会の自律性はきわめて強くなり、特に議事日程に対する政府の影響力が排除された。

明治憲法体制が、ドイツの影響を受けた憲法に議院内閣制を志向した運用が付け加わったものであるという意味で、独―英のハイブリッドであるとしたら、戦後憲法体制はイギリス型の議院内閣制を基調としながら、アメリカの影響を受けた国会法制が付け加えられたという意味で、英―米のハイブリッドであった[8]。

国会の審議をコントロールできないことは、内閣と大蔵省を困惑させた。両者が制御できない形で多数の議員立法が提出され、その中には財政支出を伴うものも少なからずあり、予算との不整合をきたすことがあった。一九五五年に保守合同によって自由民主党が結成され、両院の過半数を掌握した。同じ年に国会法が改正され、議員立法の要件がやや厳しくなった。それでも議員立法はすぐには減らなかった。

議員立法を衰退させたのは、自民党内で確立した与党事前審査制であると思われる。[9] 各省に対応して政務調査会の部会を設置し、そこで内閣提出法案を事前に検討する。総務会でも全会一致になるまで議論する。あくまで反対する議員には議決前に退席して筋を通すことも認める。そのかわり、いよいよ議会に提出した法案の成立には協力し、野党との日程をめぐる駆け引きを行う。

政調会部会を拠点として、政策分野ごとに族議員が発達した。業界はここに要望を持ち込み、官僚もここに働きかけて、調整に従事した。自民党は政権与党になることで政官財の調整を党内にかかえこんだ。党内にかかえこむことで、与党の地位を再生産した。族議員が党執行部からの自律性を確保する上では、党内が複数の派閥からなる分権的な構造であったことが助けとなった。

このようにして、自民党が長期にわたって政権を担ったことは、冷戦期に西側陣営に安定的にとどまり、経済成長を達成する上でプラスであった。

冷戦後の政治改革

冷戦期の保革対立は、戦前の競争的な二大政党とは異なっていた。保革対立は労資対立と概ね重なっていたし、革新陣営が政権を奪取する可能性は非常に低かった。

だが冷戦後、一九九〇年代に日本は政治改革を行った。これは、憲法が想定していたところの議院内閣制をより忠実に実現することを目指していた。小選挙区を中心とした、小選挙区比例代表並立制を一九九六（平成八）年から衆議院議員選挙に導入して二大政党化を促し、政党執行部を強化した。さらに省庁再編（二〇〇一年）で首相官邸の力を強化した。

戦後の政治がイギリス化することで、戦前の政党政治と共通する面が増えてきた。

自民党は新しい選挙制度の下で一度政権を失い、その後この選挙制度に過剰適応しているように見える。戦後の首相の権力を制約していたのは頻繁過ぎる選挙であったが、近年の自民党政権はむしろ頻繁に衆議院を解散する。[10] 野党が分裂し準備不足の状態で選挙を実施し、小選挙区制で最多数を得やすい自公勢力が政権を確保すると、折に触れ高姿勢が垣間見える。高姿勢が災いしてスキャンダルが深刻化すると、また選挙する。

与党を牽制するのが野党のはずである。ところが、比例代表部分が存在しているために、小党が存続・発生しやすく、野党の分裂を招いている。これが小選挙区制における自公の優位を助長している。地方選挙との不整合も野党に不利である。衆議院議員選挙は小選挙区中心になったにもかかわらず、都道府県議会選挙で野党に有利なはずの都市部（政令指定都市は除く）では一人区（小選挙区）が少なく、そのため地方議員は過半数の支持を目指す普遍的理念よりも個別利益を重視しがちで、自民党に系列化されやすい。[11]

それでも、戦前の野党の作り方と似た手法で、野党は育ちつつあると私は思う。政治改革を主導した小沢一郎は、新党を作る際、大きく作ってから壊している。一九九七年の新進党の解体と翌年結成の自由党への純化がその典型である。戦前の、少しずつ大きくするのとは順番が逆であるし、軋轢も大きかった。

飽きやすい無党派層の動向が重要になっているため、清新な政党に老舗の政党が吸収されることも起こる。二〇〇三年、小沢・自由党の民主党への合流がそれである。

とはいえ、巨視的には戦前の野党の作り方と似ている。

もっとも、小選挙区制の下での生存競争が続けば、少数党は不利である。しかも議席数と得票に応じた政党交付金が一九九四年に導入され、それがほとんどの党の収入の大部分を占めるために、現在、政党をスリムに陶冶することの意義が分かりにくくなっている。小沢の政党はあまりにも小さく、あまりにも不人気になってしまった。

二〇一七年の衆議院議員総選挙において、民進党の前原誠司代表は小池百合子都知事の希望の党への合流を決めた。小池は、全員を受け入れるわけではない、意見の合わない者は排除する、と明言して人気を失速させた。選挙での不振の結果、希望の党の中での旧民進党の比重は大きい。希望の党、立憲民主党、民進党に分かれて、旧民進党は見事に勢力を維持・拡大させたともいえる。相手の懐に飛び込みつつ排除するというのは、野党の正統な作り方であった。

だが戦前に野党を作った政治家は、排除はしつつ「排除」という言葉をもう少し慎重に使ったと思う。何よりも、希望の党に合流した当事者が意気消沈している。戦前の定石を知らないので、マクロな手法はこれと似ていても、ミクロな作法がなく、ただ失敗したと当事者も有権者も思っている。歴史を繰り返すのであれば、歴史を学ぶべきだ。

五〇〇年の旅を終えて

職分社会は強固であり、近代国家を作る上での障害になるほどであった。職分社会を乗り越える過程で、比較的凝集性の高い政党が二つ、憲法や国会よりも先達として生まれ落ちた。

憲法は戦前も戦後もハイブリッドであり、時代に合わせた変容に適している。それ故に制度の全体像が理解しにくく、憲法なり民意なりが貫徹していないという不満が生まれやすい。政党がこのギャップを拡大したり、そこに寄生していたりする場合には、特に不満が大きくなる。

その結果、戦前も戦後も、四〇年ほど時間がたつと、根源的なルールに戻せ、という原理主義が台頭する。原理主義は、仮にその方向性が正しいとしても、制度を運用する上での注意深さやバランス感覚、フェアプレーの精神などが失われやすい。政権・与党だけでなく、野党も注意が必要である。野党を作る道は険しく、そのため野党の振る舞いそのものも険しくなりがちであるから。そして国民の多くは、ただ反対するだけの野党を飼い続ける余裕はない、と思い始めているのであるから。

今、我々が直面しているのはこのような問題である。

注

1　石井紫郎『日本人の国家生活』(東京大学出版会、一九八六年)第四章。
2　山口啓二『鎖国と開国』(岩波現代文庫、二〇〇六年)九〜二〇頁。
3　渡辺浩『日本政治思想史――十七〜十九世紀』(東京大学出版会、二〇一〇年)第一二章四。
4　松沢裕作『自由民権運動――「デモクラシー」の夢と挫折』(岩波新書、二〇一六年)五〇〜五一頁。
5　坂野潤治『近代日本の国家構想――一八七一―一九三六』(岩波現代文庫、二〇〇九年)第一章。
6　山田央子『明治政党論史』(創文社、一九九九年)二五〜四五頁。
7　五百旗頭薫「大隈重信の政党指導――大隈宛書翰の翻刻を受けて」『早稲田大学史記要』四八(二〇一七年)。
8　五百旗頭薫・奈良岡聰智『日本政治外交史』(放送大学教材、二〇一九年)第一章。
9　川人貞史『日本の国会制度と政党政治』(東京大学出版会、二〇〇五年)第六章。奥健太郎・河野康子編『自民党政治の源流――事前審査制の史的検証』(吉田書店、二〇一五年)第五章(奥健太郎)。
10　清水真人『平成デモクラシー史』(ちくま新書、二〇一八年)三六三〜三六五頁。
11　砂原庸介『分裂と統合の日本政治――統治機構改革と政党システムの変容』(千倉書房、二〇一七年)第四章。

Ⅱ　レトリックの効用——〈嘘〉の明治史

横着な〈嘘〉への対処法

政治家は国民に嘘をつくらしい。

久々の安定政権を享受するのと裏腹に、この万古不易な事象への不満が、高まっている。不満というよりは不安であろうか。

例えば二〇一五年に成立した安保法制である。これで直ちに日本が軍国主義になると心配する人は、多くはないだろう。だが「ごまかしで憲法解釈が変わることを阻めない政治なのであれば、あらぬところへ漂流しないか」という不安は、より多くの人々の心をよぎったであろう。

野党第一党の民主党、民進党、立憲民主党と共産党の選挙協力が折に触れ話題となってきた。野党第一党が共産党と選挙協力したからといって、共産党主導の政権ができることを心配する人は、多くはないだろう。だが、来る選挙で勝つというよりはせいぜい与党を苦しめんがためになりふりかまわない野党なのだから、「政権を取った時に何をするつもりなのかが分からない」「何のつもりもないのかもしれない」というのが、より多くの人々の不安であろう。

嘘が増えているとしたら、政治改革の遺産であろう。一九九六年以降、衆議院議員選挙は小選挙区比例代表並立制により行われるようになった。小選挙区制に近い選挙となり、勝ち負けがはっきりつくようになった。無党派層のよく変わる審判は政治家にとって不気味であり、与野党とも投票のスウィングに翻弄された。

衆議院議員選挙と参議院議員選挙の間にも審判は変わる。両院の多数派がねじれ、政権運営を著しく困難にしたことがある。

無党派層に振り回されるよりも、支持基盤をしっかり固めるのが先決ではないか、という考えが浮上しても不思議ではない。政治学においても、谷口将紀『政党支持の理論』(岩波書店、二〇一二年)は、無党派層の規模と能力が過大視されている可能性を警告した。「(前略)日本の主要選挙で、各党支持者が全員支持政党に投票し、無党派層がキャスティング・ヴォートを握った例はそれほど多くはない。負ける側は大抵自党支持層をフル動員できないか、さらには切り崩されるのである。選挙の当事者にとっては、顔の見えない支持層、即ち支持政党なしを標榜していても実は自党寄りの人びとを捉え、彼らの票を固めることが定石である」(一六八頁)と述べ、選挙のプロはまず自らの支持基盤を固めるべきだと助言したのであるが、同書は有権者の支持政党の選び方を網羅的に検討した仕事であり、説得的であった。

現実もそのように動いたのではないか。というのも、今の政党は、得票の確実な周辺部へと避難しているように見える。ナショナリズム、平和主義、連合、創価学会、共産党などがこれらの城塞にあたる。いずれも、自らが多数派になるという期待を持っていない。したがって、無党派層が占めるうつろいやすい中原《ちゅうげん》にはリップサーヴィスしかしない。確たる城塞を持たない政党が現れると、既成政党もメディアもかえってうろたえる。中原近くを狙われた気がするからであろう。うろたえが自己実現したら目も当てられないのであるが、後ろめたいので中原にリップサーヴィスはする。リップサーヴィスはするがリップサーヴィスしかしないので、嘘くさいのである。

安倍政権には右寄りのイメージがあるが、右寄りに訴える政策とそうでない政策とを併存させることこそ問題であり、国民を欺く擬態であるとの批判もある。このような批判は、今述べたような嘘くささを政権に見出したものといえよう。

このように嘘が増える経緯があるのだとすれば、それはある観点へと我々を導く。政治家の嘘は万古不易ではなく、嘘が減る経緯もある、ということである。現に、他者に説明する必要がない独裁者は、嘘を要しない。

独裁よりも穏当な方法で、少しだけ嘘を減らす方法を考えるというのが、本章の狙いである。二つの方法がある。第一の処方箋は、真実によって嘘を暴くことである。正攻法だが、嘘を見抜くのはなかなか難しい。

見抜かれまいと政治家が懸命に隠す嘘を、「必死の嘘」と呼ぶことにしよう。「必死の嘘」はここでは見逃そうと思う。というのも、「必死の嘘」は、ばれるとその政治家に対する強い制裁が予想される。永遠にばれない嘘であれば、ばれるほどの問題が生じていないのであるから、そもそも問題がないともいえる。

どちらともつかず、なかなかばれずに嘘の被害が増したり、中途半端にばれて責任追及の矛先が他所にそれたりするケースに、数多の不条理やドラマが含まれるのだが、これ以上は論じない。正直さよりも結果責任を負う政治家と、真相を追ってやまないジャーナリストや司法や歴史家の切磋琢磨が、永久に続くことを祈るばかりである。

「必死の嘘」とは別に、「横着な嘘」がある。見る人が見れば嘘であり、指摘する声もあるのだが、嘘を語る政治家に権勢があったり、支持する人々が多かったりするために、公にまかり通ってしまう。これはいけない。まず、真面目に議論する気が失せてしまう。それに、騙されたり、騙されたふりをしたりしている人々を見ると、つくづくこんな国に住みたくないと思ってしまうかもしれない。シニシズムを増長させるのは、こういう嘘である。そして、嘘は隠されてすらいないので、第一の処方箋は無力である。

嘘に対する第二の処方箋は、レトリックにより大きな役割を果たさせることである。本章で例示していくように、何らかのレトリックによって「横着な嘘」を無効化するということである。

逆に、レトリックによって中原の一部を領土化できた者に対しては、「あっぱれ」と褒めてつかわしてもよかろう。その者は努めてレトリックを生み出したという意味で、既に横着ではなくなっているのであるから。

公の場でレトリックが「横着な嘘」と張り合えば、良貨が悪貨を駆逐するかもしれない。その可能性を目指した迂遠な探求が本章である。

そんなことまでする必要があるのか。日本の嘘はかわいいではないか。欧米や中韓のポピュリズムや抑圧と比べれば、日本はオアシスではないか。そのように批判する読者がいるとすれば、その読者にはバランス感覚があると思う。

もっとも、日本は「横着な嘘」一単位あたりの弊害が、比較的大きいように思う。恐らく今の日本が、官邸主導の強まりつつある議院内閣制だからである。

議院内閣制においては、首相は議会の投票によって選ばれ、行政を掌握する。立法と行政を通貫する強力な統治が可能である。だからこそ、これに対して行政の合理性・専門性・中立性を守るための工夫が施される。

これが理念型だとして、自民党長期政権のもとでの首相はといえば、そのリーダーシップは党内の派閥や、政務調査会や総務会による与党事前審査制や、各省のセクショナリズムによって制約されていた。

政治改革がこれらの制約要因を弱めた。首相の、ないしは官邸の指導力が強まった。だがその影響で与党議員の大半は無聊《ぶりょう》をかこち、行政は合理性・専門性・中立性を尊重する習慣の弱い政治介入にさらされ疲弊している。

第二次安倍政権の長期化とともに発生したスキャンダルの中で、行政にかかわる事件が、特に深刻化した。政権の説明と不整合な文書を官僚たちが隠したり改竄《かいざん》したりするという意味で、一国の暗部を垣間見たようなイメージを、見る者に与えたからである。

こういうイメージである。もとは、それほど重大な不祥事ではなかったのかもしれない。だがこれを弁明する政権が発した「横着な嘘」は、官邸に頭の上がらない行政の現場では、守り通さなければならない「必死の嘘」に化学変化する。「必死の嘘」を強いられることに反発して、必死のリークも発生し、スキャンダルは拡大する。政権は次の「横着な嘘」を発し、また行政の現場では「必死の嘘」に、と循環する。これは嘘の錬金術ではないか。

政権は、前章でも述べたように、本当の窮地に陥る前に衆議院を解散する。野党は勝てない。分裂し準備不足であり、やはり前章で述べたように選挙制度も助けにならない。不祥事は本来大きくなかったようにも見えるので、野党こそ外交や経済といった重要な争点をごまかしている、という批判も真面目に成り立つ。こうして与党が多数を維持する。気が緩むからか驕るからか無聊だからか、また不祥事が出る。出ると高姿勢で押し切ろうとして、「横着な嘘」をつくと、また循環が始まる。

先ほど、日本の諸政党は城塞にこもっていると表現した。だがこの文章を書いている段階では、安倍政権の支持と不支持はともに三〜四割を安定的に確保している。日本の有権者が分極化しているとは思わないが、政権と野党、どちらの嘘を許せないかで伯仲《はくちゅう》しているようには見える。

日本はオアシスかもしれない。だが嘘の展示場はなかなかに盛況で臭気を競い、頼みのテクノロジーの筆頭には嘘の錬金術が迫りつつある。せめては日本を嘘研究の総本山にして、汚名をそそぎたいものである。

明治の日本に題材を求めるが、これは迂遠ではない。レトリックは言葉の可能性を総動員するのであって、時間と人材が投資されなければならない。共通の文学的基盤があり、政治が数少ない娯楽の一つたりえた明治時代の方が、豊かな先例を見出せるのである。

何が嘘であったかを確認することはしばしば難しい。特に「必死の嘘」は難しい。「必死の嘘」ではなく「横着な嘘」を主敵にしたのは、必死に隠してはいないので見つけやすいという作戦でもある。「横着な嘘」の例解は本書で折に触れて行うであろう。ただし例解に過ぎない。嘘に単位をつけて四則演算したり、微分したり積分したり回帰分析をしたりという話は、今のところまさにレトリックに過ぎない。

だが嘘の全容が解明される日を待つ気にはなれない。以下では、拙速を承知で、どう嘘を止めるのか、明治期にどう止めようとしたのか、の議論にいきなり入る。印象に基づいた試論に過ぎないことを、お許しいただきたい。

第2章　福地櫻痴の挑戦

輿論を求めて

内治の改革を優先するという明治政府の基本方針は、一八七三年十月のいわゆる明治六年の政変で定まった。この時、征韓論を唱える西郷隆盛らは下野し、大久保利通を中心とする政権が成立した。

だが実は、国民を次第に広く巻き込んでいく路線対立は、この時から始まった。

まず、征韓論には不平士族の支持が根強かった。この圧力を緩和すべく、翌七四年の春、大久保政権は台湾出兵を断行する。圧力はなお強く、台湾植民地化の構想まで政府内で浮上する。政府内で大久保と並ぶ有力者であった木戸孝允は出兵には賛成していたが、出兵目的の拡大には反発し、参議を辞任する騒ぎとなった。

大久保に本格的な対外戦争を行う意図はなく、清朝が出兵に強く反発すると、自ら北京に赴いて交渉を妥結させた。

だが戦争という選択肢を排除しても、それ以外にも否定しがたい理念が複数せめぎ合っていた。一つは殖産興業である。これが大久保政権の目指す内治改革であり、経済の実態や地方の旧慣との衝突をひきおこしながら推進された。大久保政権は不平士族の急進論に苦慮しつつも、殖産興業という別の急進論を邁進しているように、木戸には見えた。

もう一つは立憲政体である。政変で下野した指導者の中には、板垣退助のようにこれを主張して政権に対抗する者がいた。これが拡大して自由民権運動となる。大久保も長期的には立憲制導入が望ましいと考えていた。まして木戸は、秩序立った政策決定のためには憲法が必要であると考えていた。

これらは前章において、大陸進出、経済発展、立憲主義のせめぎ合いとして述べたものである。このように当時の政治は朝野を問わず、自らの急進化をどう制御するか、という問題をかかえていたといえよう。

条約改正問題が最もやっかいな内政上の争点になるまでには、なお一〇年以上の歳月が必要であったが、既に慢性的な宿題とはなっていた。内治と関係ないように見えて、外国側は条約上の特権を拡大して日本の行政活動に介入することが多く、近代国家形成への技術的な障害となっており、しかも報道されて人々の憤慨を招くことがあった。

また、不平士族には幕末の攘夷派が多く、攘夷派は欧米への開国に反対であった。その力を利用して幕府を倒しておきながら、鎖国にも征韓にも応じられなかった新政府なのであるから、せめて修好通商条約の改正には努力してみせる必要があった。

当時の日本は、三つないし四つの理念に由来する急進化の可能性にさらされていたのである。これに対処するために木戸が目をつけたのが、新聞であった。かつて政府の政策を周知させるために新聞を育成したことがあったが、育つと政府の方針に従わなくなることがあった。今や必要なのは、政府内外の急進論に対抗して、一貫した立場のもとに議論する新聞であった。その穏健な議論を通じて、急進論に動かされない輿論を中原に樹立しようとしたのである。この期待を担って、『東京日日新聞』(今日の『毎日新聞』)で健筆を振るったのが、福地源一郎(櫻痴《おうち》)(一八四一~一九〇六年)であった。[1]

社説の誕生

福地は天保十二(一八四一)年三月二十三日、医師福地苟庵《こうあん》の長男として長崎で生まれた。オランダ通詞に学んだ後、江戸に遊学し、幕府の通詞より英学を学んだ。

江戸文化への研鑽も一方《ひとかた》ならず、有名な「櫻痴」の号は、江戸で馴染みとなった芸妓「桜路」に因んで付けたものであった。

安政六(一八五九)年に幕府外国奉行支配通弁御用御雇となり、幕末の外交実務家の一人となった。攘夷派への嫌悪感が強く、新政府にも敵対的であった。『江湖新聞』という新聞を刊行し、新政府を攻撃した結果、逮捕され、日本の新聞史上最初の筆禍事件となった。木戸のとりなしで放免されたが、そのまま遊郭に直行してなかなか妻のもとに帰らなかったという逸話がある。

大蔵省出仕を命じられ、一八七〇年には伊藤博文に随行してアメリカに、翌年には岩倉使節団に随行して米欧に赴いた。大久保に容れられず、木戸に傾倒した。また、木戸の後輩たる長州派の伊藤、井上馨、山県有朋らと親しかった。井上が主張する財政規律が遵守されず、征韓論が風靡《ふうび》する政府に失望し、退官して新聞の世界に乗り出したのである。

福地が主筆兼社長となった『東京日日新聞』は、太政官御用と称した。太政官の布告等を掲載するという意味であるが、他の新聞は、これがいわゆる政府の御用新聞ではないかと疑念を呈した。たしかに太政官御用であることによる買い上げの恩恵があり、かつ政府内から情報を得ていたであろうが、大久保政権を牽制する論陣も張った。

新聞史上の福地の重要な業績は、社説欄を創設・定着させたことである。

当時の新聞上の議論は投書によって行われており、そこではリテラシーの高い士族の比重が高く、したがって急進論の比重が高くなりがちであった。投書家の星雲が各紙面をいろどるので、各紙の政治的傾向は、ありはするがあいまいなものであった。

福地は驚異の速筆によって日々の社説欄を埋め、一八八〇年代初めまでの新聞の世界において、政論記者として筆頭格の地位を占めた。他紙も対抗して、論説や社説と称して社論を継続的に提示するようになった。現在の社説と異なり、巨大な紙面の半分近くを占め、しかも一つのテーマで一〇回以上の連載となることも多かった。

こうして各紙の政治的配置が可視化され、政府内外の諸勢力は、こうした新聞と直接・間接の関係を結ぶことで、読者に継続的・体系的に主張を訴えることができるようになった。

新聞の発展は、政治が国民を騙す能力を飛躍的に高めた。同時に、前後の社説を対照した読者によって、嘘を糺《ただ》されるリスクをもたらした。この渦中にあって、最も劇的な栄光と転落を体験したのが、福地であった。

「漸進主義」とは?

福地は『日日新聞』の立場を、「漸進主義」と規定した。

立憲政体については、国会開設の前に地方民会を制度化することを唱えた。それは、自由民権運動の急進論への抑制であると同時に、政府が地方社会の実情にもっと目を向け、自らの急進論を再考すべきであるという警告でもあった。

一八七五(明治八)年八月四日の社説には、小から大へ、手近なところから遠大なことへと、実現できることから順に達成していこうという、漸進主義の典型的なレトリックを見出すことができる。

吾曹ハ固《もと》ヨリ民権ヲ貴重スルニ付キ、是非トモニ此ノ民選議院ナル国会ヲ興サザル可ラザルノ理ヲ知ルヲ以テ、其ノ順序ハ漸進ノ方向ヲ旨トシ、小ヨリ大ニ及ボシ邇《ちかき》ヨリ遐《とおき》ニ到ルノ理ニ遵ガヒ、先《ま》ヅ区会ヲ興シ、区会已ニ建テ后《のち》ニ県会ヲ興シ、県会已ニ建テ后ニ初メテ国会ヲ興スベキ説ヲ主張シタリ

福地自身、東京府会（今日の東京都議会）の開設に尽力し、一八七八年十二月に議員選挙にこぎつけると、議員、そして初代の議長に選ばれて、府会の権限を徐々に拡大することに努力した。政府の殖産興業に対しては、渋沢栄一らとともに一八七八年三月に東京商法会議所（今日の東京商工会議所）を創設した。経済社会の実情を政府に伝えるためであると『日日新聞』は説明した。渋沢が会頭、福地は副会頭となる。

同年、農商務省が商標条例案を諮問すると、会議所は、登録手続きが煩瑣すぎて現実的ではないと答申し、政府は公布を見送るに至った。こうした成果を、『日日新聞』が逐一喧伝したのは言うまでもない。

このようにして、国会開設が直ちには実現しない中、限定的（『日日新聞』の用語では「間接」）に民意を表象する中間的な機関を各方面にはりめぐらせることで、政府内外の急進主義の歯止めとしたのである。

国会には及ばない中間的な機関であるから、民権派のコミットメントは不十分であったり未知数

であったりした。国政を直接左右する権限は持たないので、政府の関与も限定的であった。このように、政治的系列化が不十分であるからこそ、強固な政治基盤を欠いた福地が八面六臂に活躍し、かつ演出しえたのであろう。

条約改正は、相手が外国政府なので、民意の表象はより困難であった。だが福地は、当時増え始めた訪日外国要人に対して、商法会議所や府会議員を動員して接待活動を行い、限定的ながら日本の民意が外国の政府・輿論に伝わるよう努めた。

この時期、日本は多様な不満足をかかえ、一八七七年には西南戦争という内戦が起こった。木戸、西郷、大久保といった指導者がこの時期、相次いで死去した。だが内治改革を優先する方針はむしろ定着する。複数の理念を、その急進化にはブレーキやクッションを施しつつ推進する漸進主義が言論界で威信を築いていたことは、重要であった。一八七〇年代の後半は、福地櫻痴による表象の時代であった。

上野公園の儀礼空間

これを象徴するイベントが、一八七九年八月二十五日に実現した上野臨幸である。福地と渋沢が人民総代となって、天皇とアメリカ前大統領グラントを上野公園に招いた。福地が「上下益其志ヲ同クシ」たいと祝辞を述べると、天皇は「甚ダ満足」と答えたという。

上野公園は戊辰戦争時の彰義隊の記憶がわだかまる地である。そして福地らは、一部に批判があったものの、流鏑馬《やぶさめ》や犬追物《いぬおうもの》などの武技を披露させた。兵権が朝廷に戻ったことを象徴する、と『日日新聞』は説明している。同時に、武技が市民権を得たともいえたであろう。かつて幕臣であった福地や渋沢は、維新の敗者として面目を施したであろう。

上野臨幸は、日本はまだ現実には立憲政体と条約改正を達成してはいないが、その準備は整いつつあることを、儀礼空間において示したものであった。それは『日日新聞』の自賛によれば、「間接ノ利益」が計り知れないものであった。

しかし、福地らはいかにして人民を総代しえたのか。臨幸委員は東京府会のうち、郡部を除いた一五区からの選出議員と、各区会の正副議長、そして商法会議所議員から選ばれている。これが東京府民全体を代表しうるだろうか。府会はもっぱら地方税による事業を審議する場であったし、商法会議所に公的な資格があるとは考えにくかった。上野臨幸は、こうした疑義をめぐる論争が新聞間で繰り広げられる中、実施されたのであった。

ここには、福地による民意表象の問題点が露呈している。漸進主義が、ある時点において、中間的な機関の創設で満足したとする。その後に、より高次の成果を達成しようとすれば、最初の時点よりも人民が進歩していることを示さなければならない。それは、中間的な機関が当初の想定以上に機能することで果たされる。その機関にそのような役割は授権されていないはずであるが、福地は様々な場面でこのような役割の拡張を試み、それは越権や欺瞞といった非難を招いた。これら福地による拡張的な解釈や運用は、ある程度は嘘に近いものであろう。

しかも福地のレトリックは、今何が必要かつ可能であるかを明確に測定・表現する信頼感を身上としているのだから、ごまかしは容易に発見されてしまう。政論の頂点に立っていた福地が、揚げ足や言質をとる論争は苦手であったと後年、述懐しているのは、一見不自然でありながら、真実の一面を表しているようである。「余は議論文が下手なり、迚《とて》も今日の論者の如く深刻に苛酷に意地悪く憎体らしく揚足を取ッて詞質を取ったりして論ずる事は為し能《あた》はざるなり」（櫻痴居士「国民之友批評家に与ふ」『国民之友』第二六九号、一八九五年）。

このような人物は嘘つきというべきだろうか。嘘つきだとしても、横着というよりは愚直に思えるのであるが。

立憲政体と「横着な嘘」

一八八一年から福地の運命は大きく変転した。夏、政府の財政をめぐるスキャンダルが勃発した。当時、財政悪化から殖産興業の継続が困難になっており、政府は北海道開発のための官有物を払い下げることで増収と軌道修正を図った。北海道開拓使は長官黒田清隆以下、薩派の影響力が強かった。その官有物を、薩派系の商人に廉価で払い下げることが報道されたのである。

民権派の新聞はこぞってこれを腐敗と非難し、財政規律の強化と、そのための国会開設を訴えた。福地は民権派に同調し、演説して即時国会開設を迫った。この点では漸新主義を放棄したのである。政府内でも、大隈重信が早期国会開設や憲法制定を唱えた。

十月十一日、政府は払い下げの中止を発表し、かつ翌十二日、一八九〇年を期した国会開設の詔勅を発した。そして大隈重信を免官した。明治十四年の政変である。

その年のうちに板垣を中心に自由党が、翌年には大隈を中心に立憲改進党が結成された。ここで福地は態度を二転させた。今度は政府支持を表明し、一八八二年三月に立憲帝政党を結成したのである。このことは民権派から強い非難と冷笑を浴びた。政府も帝政党を与党として遇さず、福地の面目は失墜した。

その後、福地は露骨に政府支持の立場で論陣を張ったが、往年の威信を取り戻すことはなく、一八八八年に『日日新聞』の経営・執筆から退いた。

なぜ福地は、このような失敗を犯したのか。福地の望む中間的な民意表象体が整備されるにしたがって、いよいよ国会開設の是非が、先送り困難な争点となっていた。二者択一を迫られた福地は、民権派と政府の間で豹変したのである。福地が輝く余地は、皮肉にも福地のプロジェクトが進展するにつれ、狭まっていったといえよう。

もう一つの皮肉は、福地の豹変を皮切りに、誰もが豹変する時代に入っていったことである。しかも彼らの多くは、福地のような没落を免れた。

というのも、国会開設は約束されたが、九年後の約束であったので、政党は自らの存在意義を説明しなければならなかった。

九年後には、統治に参画するための政策力と、選挙に勝つための組織力の両方が必要であった。

だが今から両方を備えるのは負担であった。自由党は政党に必要なのは民権論で固めた組織力であると唱え、改進党は地租軽減などを主張できる政策力であると唱えた。[2] 他方で両党とも、九年以内には自らに欠けた能力を補おうとしたので、自分にない能力を持つ他党へのアプローチや、政策力・警察力を兼ね備えた政府との関係は、度々変化した。

一八九〇年に国会が開かれても状況は変わらなかった。むしろ議事や選挙の日程が変化の機会を提供して、豹変までの時間はより小刻みとなり、露骨となった。

豹変後の弁明は、より横着となった。豹変前の隠蔽ですら、横着になることがあった。議会開設直後、自由党代議士の新井章吾は、人力車の赤毛布で顔を隠して薩派との密談に赴いたと噂されたが、やがて多くの場合は見えすいた否定で事足りるようになった。

両党とも、能力の拡大には概ね失敗したので、政治姿勢の豹変のみが残った。政府との対決から和解による政権参入へ、というのが豹変の基本的な方向であり、政策に無頓着な自由党がより巧みに、改進党がより遅く、これを遂行した。政府も、衆議院の予算審議権の強さに閉口し、概ね和解の方向に動いた。

この時期、往年の福地の『日日新聞』にかわって権威を確立したのが、福沢諭吉の『時事新報』であった。

そもそも福地の全盛期から福沢は令名高く、姓の一文字目が同じであることにちなんで、「天下の双福」と謳われていた。一対の掛軸を「双幅」というのにかけたのであろう。

両者の主張は同じではなく、福地が士族の急進論を抑えて内治改革を唱えた時、福沢は概ね賛成しつつも、士族の公共の精神も必要であると論じた。福地が穏健な外交論を唱えた時、福沢はしばしば賛成しつつも、冷厳な力関係を見失ってはならず、軍備拡張も必要だと訴えることがあった。

だが双福の本質的な違いは、福沢が自らの主張を、例えば穏健外交から武力による外交へと、平然と豹変させえた点にある。福沢にはそうしてよい理由があった。福沢の判断の振幅は、状況に対する敏感な適応であると同時に、文明には緊張をはらんだ要素が複数存在し、文明化にも複合的な戦略が必要であると知らしめるものであった。福沢が二択を提示し、福地が中間の落とし所を提示するというやり方で、両者は競い合っていたといえよう。

福地が没落する中、福沢は『時事新報』の社説を通じて、良き豹変による官民調和を説くようになった。福沢が重視するのは官民双方、特に藩閥の元老と政党の元老（大隈・板垣）の本音である。彼らの多くは本音では官民衝突を望んでおらず、大隈らも要するに政権に参与できれば心が和らぐであろう。政府は「愛嬌」をもって和解を進めるべきである（「国会難局の由来」一八九二年一―二月）。誰が総理大臣になるのかで最後までもめるのかもしれないが、「心事を一転して」、「政事も亦是れ一種の芝居なりと思へば誠に安楽なる可し」と説くのである（「治安小言」同二―三月）。

なるほど朝野の元老たちは明治維新の記憶を共有しており、一夕、肝胆相照らせばしこりが解けるのかもしれない。しかしその日の朝までは、それぞれの大義を背負って論争していたはずである。それを「心事を一転して」しまうのは、芝居としては三流、裏切りとしては横着であろう。そして我々は、横着への不寛容を強めていたのであった。公の舞台において、もっと緊張してほしいのであった。

芝居といえば福地は、政治論壇から退場しつつ、演劇改良運動にのめりこんでいた。そこから何かが言えないだろうか。

歌舞伎の政治空間

幼少期の福地は、父苟庵の厳格な教育方針により、芝居にほとんど親しまなかった。だが幕臣としてヨーロッパへの使節団に随行した際に、演劇が交際に重要な役割を果たしていることに気づいた。一八七九年には来日したグラントを新富座での河竹黙阿弥作の芝居に招待した。プロットは福地が提供し、平安末期の後三年の役を鎮定した源義家を、南北戦争の北軍司令官グラントに見立てたものであった。

そして一八八六年、演劇改良運動が始まると、これに参画した。歌舞伎座が一八八九年に建設された際、中心的な役割を果たしたのは福地であった。今日と異なり、洋風の劇場であった。

福地の演劇改良は、当初の意図を成就したとはいえない。史実になるべく即した説得的な脚本を上演することを目指したが、聴衆の理解を十分には得られなかった。しかもそのセリフは散文的であり、五七五七のテンポに慣れた役者の協力をなかなか得られなかった。

結局、このセリフを語ることができ、福地に協力的な九代目団十郎に全面的に依存せざるをえなかった。

福地の脚本で今日でも上演されるのは、『春日局』である。徳川家光の乳母としてその将軍後継を実現する聡明果敢な春日局を描き切ることで、健気な妻、子煩悩な母としての可憐さが際立つ佳作である。

だが全ては春日局を演ずる団十郎の演技力にかかっているともいえる。しかも家康役も団十郎に委ねるしかなかったため、最大の見せ場である春日局の家康への直談判が演出できなかったことは痛恨であった。

『春日局』（1891年）より、春日局が家康に直談判する場面。

家光の治世で泰平の世が自明のものとなると、古い士道に固執する大久保彦左衛門のような拗《す》ね者も出てくる。福地による『大久保彦左衛門』はしかし、あくまで公の場での説得により政道を正す老練な彦左を描く。そこには、士族の急進主義に対するかつての批判が残響していたようにも読める。[3]

今太平の世の中に政治法度も正しき御代評定所の御吟味にて理非黒白の分かる時節、夫《それ》を差置き無暗《むやみ》の腕立以ての外の心得違ひ、夫故にこそ刑部少輔が悪事も評定所

へ持出して公儀の御捌き受さするが彦左衛門が望で御座るワ

評定所に限らず、第三者の監視がある場で相手と意思疎通する能力に、福地は興味があったらしい。

刑部少輔の横恋慕を受けたお類が路上で三浦志摩守に直訴するが、そうと知れたら刑部が対抗手段をとると見込んだ彦左衛門が、割って入る。お類が自分のお手付であったという体《てい》で動揺して見せ、人のいないところで話し合おう、となだめて見せる。お類をかくまおうとしたのである。

彦左衛門の意味ありげな言葉が「ト詞《ことば》の中《うち》に夫となく意の中を知らすれば、お類は扨《さて》はと覚つて」「ト云ふにぞ志摩守も是には様子の有る事ならんと覚りて」と相手の了解をかちとることで、お類救援作戦が展開していく。悪役の刑部少輔ですら、評定所での彦左衛門の短い追及にあっさり服し、切腹を申し出ているので、劇としての説得力を損なっているほどである。

坪内逍遥は、歴史劇を作りえているのが当代、福地のみであると認めた上で、春日局も家康も彦左衛門もあまりにも全知全能であり、無性格であると批判する。人間は有限な存在であり、故に笑えばユーモア、悲哀を覚えればペーソスになるのであるが、福地には表面的な滑稽しかないという。

その通りであるが、この「表面」が福地には重要であったのかもしれない。そのことは、福地が上演を予定せず著した歴史物から読み取れる。

例えば『山県大弐』（一八九二年）は、勤王の兵学者たる大弐が処刑された一七六七（明和四）年の明和事件を扱う。老中阿部正右《まさすけ》は勤王・佐幕の対立を恐れ、処刑に反対する。幕府内強硬派があくまで処刑を求め、かばえないと分かると、処刑理由を、甲府の防御態勢を吹聴したという思想色の薄いものとした。大弐は倒幕の先駆けとなるべく従容として刑に臨んだ。両者は敵対しているが、大弐の死が何をもたらすかについての理解を共有していたのである。

福地が『日日新聞』から退く時期に同紙に発表した『尊号美談』（一八八七年）は、一七九〇年代初頭の尊号一件を題材とする。光格天皇が父閑院宮典仁親王に太政天皇の尊号を贈ることを希望し、公家の中山愛親《なるちか》はその意を受けて老中松平定信と交渉する。定信は光格天皇の希望には同情的であったが、反対せざるをえない。将軍家斉が父一橋治済《はるさだ》を「大御所」にすることを内心願っており、光格天皇の希望を認めると、将軍家斉の希望もとどめられず、幕府に二重政権が成立してしまうことを恐れたのである。

愛親は定信と烈しく論争する。しかしあるきっかけで定信の真の反対理由を知り、心服する。両者はそのことを直接には確認し合わないまま、阿吽《あうん》の呼吸で論争し、愛親は論破されてみせ、処分に服する。

我々が知りうるのは、大弐や愛親に対する短い判決である。それは真実をそのまま記していなかったり、言葉足らずであったりするが、対立状況の下で緊張をもって選び取られた言葉であることを、福地から教わる。福地の関心は、登場人物の性格よりも、その前提となる空間の普遍性にあった。それは元来、一八七〇年代に福地が演出した政治空間であったが、立憲制導入の代償として損なわれた。それを演劇空間として保存しようとした福地の努力は、舞台上で十分に報われたわけではないが、歌舞伎座を遺し、歌舞伎が生き残る助けとなったのである。

情報公開の拡大は必須だが、公の場で全てが語られうるというのは、なお将来の理想である。理想がかなうまでは、空間の重みに耐えて政治家が発する省略話法の存在を認め、それを含味すべきである。その際、自分が当事者ならばどうできるかを自問すべきである。それが結局は「横着な嘘」への批判を鋭くする。

党首討論は良い機会である。野党がどこまで与党を追及するかだけではなく、両者間で何が合意されそうかを読み取った方がよい。過去の党首討論で最も見応えがあったのは野田佳彦政権末期の安倍晋三自民党総裁との討論であり、そこでは安倍の追及よりも野田が取り付けた合意が重要であったのであるから。

省略話法も一つのレトリックであるかもしれないが、鑑賞するためには、それが語られた文脈に聞き手が通じていなければならない。つまり、我々がしっかりしていなければならない。つまり、本章は御説教に終わってしまった。

対立の急進化は制御しなければならない。この福地の考え方は賛成できる。そのために、省略話法とは別の、もっと言葉を尽くしたレトリックもあるのではないか。次章で検討しよう。

第3章　循環の観念

二〇一五（平成二十七）年に七〇周年を迎えた戦後日本は、概ね平和で豊かだった。しかしそれが犠牲とリスクの上にあったことの証が、国土の上に実在する。

その一つが福島の第一原子力発電所である。東日本大震災の後、核分裂の連鎖反応のエネルギーは、その停止後の崩壊熱を冷却しそこねただけで水素爆発とメルトダウンをもたらし、日本社会を戦慄させたのであった。発電所は、今でも冷却水や汚染水の増大を防ぎきれない状態で同じ場所に建っており、事故のことを思い出させるのである。

あらためてこのことを考えたのは、映画『シン・ゴジラ』を見た時である。詳しい説明は控えるが、そのラストシーンは、リスクと共存せざるをえない日本を視覚化したものであった。

明治一五〇年には戦前を意識する機会が増えた。私は戦前を想起するにつれ、今度は人間の相互作用からなる連鎖反応が、いかに短期間に多くを成し遂げ、また喪わせるかを思い出した。

明治四年、一八七一年には廃藩置県を断行した。維新の功労者西郷隆盛による西南戦争が明治十年に起こり、その自決によって終結した。明治十四年には国会開設が約束され、翌年にかけて複数の政党が結成された。同二十二年に明治憲法発布、翌二十三年には国会が開設された。明治二十七年に清朝中国、三十七年にロシアと、近隣の大国と戦い、勝利した。

日露戦後に桂園体制と呼ばれる安定期が到来したが、明治四十五年＝大正元年＝一九一二年から大正政変が始まって崩壊した。明治五十七年にあたる一九二四年からは政党内閣の慣行が続いた。しかし明治六十四年にあたる一九三一年に満洲事変が勃発し、翌年の五・一五事件を最後に政党内閣期は終わった。明治七十年に日中戦争が始まり、七十四年に日米開戦、七十八年に敗戦を迎えたのである。

近代日本のトラウマ

相互作用の連鎖が危機をもたらすことに対して、明治人は我々以上に敏感であった。幕末をいろどるこの種の危機が、近代日本のトラウマを生み出したからであろう。

周知の通り、幕府が勅許なしに修好通商条約を締結したのに反発し、尊皇攘夷運動が台頭した。これを大老井伊直弼が弾圧すると、桜田門外の変で暗殺された。攘夷を推進する長州の砲台が外国船を砲撃すると列国は反撃し、日本は限定的ながら欧米との戦争を経験した。鹿児島でも薩英戦争が起こった。幕府による長州征伐が国内対立を拡大させ、幕府崩壊と戊辰戦争の伏線となった。

それは相互作用の危険な連鎖であった。単に連鎖するだけでなく、対立がより大きな対立をもたらし、危機がより大きな危機へと増幅する、まさに核分裂のような悪循環であった。そして人間界の悪循環には、制御棒があるとは限らない。

対立が増幅すると、人は手段を選ばなくなる。「必死の嘘」――露見したら困る嘘――も、「横着な嘘」――騙されない者がいても公然と語られまかり通る嘘――も辞するところではない。「必死の嘘」は露見したならばその時に、「横着な嘘」は語られたならば直ちに、相手を刺激し、悪循環を力強く回転させるであろう。

前章では福地櫻痴の挑戦を論じたのだが、福地が制御しようとしたのも、こうした悪循環の発生であった。彼の作り上げた装置は、社説であれ、歌舞伎であれ、異なる立場の者が緊張をはらんだまま共存し、あたかも中性子を吸収する制御棒として屹立《きつりつ》する空間を志向するものであった。

とはいえ彼の空間は、嘘を一概に排除するものではない。

緊張をはらんだ空間で発せられる言葉は、抑制された表現から真意を汲み取る努力を誘うものであり、要するに真実そのものではなかった。「横着な嘘」のうち、せいぜい横着さを除染するに過ぎなかった。

社説は、状況の変遷に応じて主張を変遷させることに長けていた。変遷に伴う誇張やすりかえにも福地は手を染め、それを隠すのに長けていなかったに過ぎない。

だから、福地には嘘がある、という批判に足をすくわれ、没落したのである。その政治生命は、立憲制の導入までを見届けることはできなかった。

福地にとっては不本意なことかもしれないが、より単純な言説が、結果としては用を足すことになる。一八八〇年代を中心に、自由民権運動を鼓舞した、政治小説である。嘘をめぐる明治史の旅をここから再開したいと思う。

横着の予告

福地に限らず、明治期の政治的な言説を読めば、悪循環の発生を戒め、これを阻止しようとするという意味での、循環の観念が強かったことが分かる。思索の定型としてもそうであるし、脅し文句としてもそうであった。

自由民権運動の激化は藩閥政府の弾圧を招き、逆も然りであった。そして民権派も政府も、相手こそが悪循環を招いている、と主張し、これを口実に批判の応酬を強め、悪循環の次の輪へと踏み込んだのであった。

このことを俯瞰《ふかん》してくれた論客として、鳥尾小弥太がいる。長州出身の陸軍指導者であり、山県有朋と競って挫折し、保守主義の政党を育成しようとしたがやはり挫折した。しかし政治の全体状況を把握し、表現する能力においては、卓抜していた。国会開設前夜、鳥尾は、日本の歩みをこのように総括している（「時事談」『中正日報』一八九〇年十一月三日・七日・九日・十二日・十四日）。

其人の朝野たるを問はず。各々皇国の為にとて思ひ付きし事どもを各々主張し。遂に其の思ひ付きが病み付きとなりて。却《かえっ》て皇国の利害を忘れて。相互に意地を立つるに至れるなり。

良かれと思った思い付きが病み付きとなり、ひいては意地の張り合いになるというのは、学者だけの病弊ではないらしい。政治家はもっとひどく、良かれと思う初発の意図すらなくなり、欺瞞や権謀術数に終始するというのが次である。

今日となりては是非の沙汰はさし措き。只に勢力を争ふに忙《せ》はしく。遂に国家の得失成敗をも省みるの余地なきものの如し〔。〕されば今日は是非を論ずるの時代は已に往きて。全く勢力を争ふの時代到来すと言て可なり。例を漢土に取りて言へば。譎詐権変《けっさけんぺん》合従連衡。恰《あたか》も春秋の時代去りて戦国の時代に推し移りしに似たり。是より以後は功利を競ひ術数を逞《たくまし》うするの弊害必ず百出すべし。

立憲制の導入に伴って豹変が政界に横行する、と前章で指摘したことが思い出される。それだけではなくここでは、熱意ある対立が悪循環し、やがては横着さを生み出すという宿命が語られている。

鳥尾は悪循環の当事者——自由民権運動と藩閥政府——の両方に批判的なので、悪循環の摘発に巧みであった。

政治小説は自由民権運動を鼓舞したのだから、悪循環の共犯者であったはずだ。ならば悪循環を論ずるのは拙かったはずだ。だが果たしてそうだろうか。嘘をめぐる明治史の旅を、この点から再開したいのである。

亡国の遺臣

柴四朗（東海散士）による『佳人之奇遇』（初編巻一・二、一八八五年）は、その悲憤慷慨《こうがい》と漢文調の美文によって、長く政治青年に愛読され、愛唱された。

だがこの政治小説は、いたずらな悲憤慷慨を戒めるものであった。その一節は、先に触れた幕末日本の悪循環をそのままなぞっている。せっかく愛唱されたのだから、やや長いがカナ交じり文のままで引用する。[4]

屈指回顧スレバ二十年前、我国欧米各邦ト締盟セシニ当《あたり》テヤ、尊王攘夷ノ説紛《ふん》トシテ起リ、慷慨悲歌《ひか》ノ士幕府ノ専横ヲ憤リ俗吏ノ偸安《とうあん》ヲ慨シ、一死邦《くに》ニ報ヒント臂《ひじ》ヲ揮ヒ呼号スルニ当テヤ、（中略）深謀遠識ナク宇内ノ大勢ヲ知ラズ、徒《いたずら》ニ蟷螂《とうろう》ノ斧ヲ以テ欧米ノ兵ヲ攘《はら》ハント擬《ぎ》シ、（中略）児戯軽佻怯弱《きょうじゃく》残暴、言フニ忍ビザルモノアリ。

日本と欧米の力の差を無視した攘夷運動は幼稚で乱暴であったと批判している。続いてこれが日本の外交的立場を悪化させ、国権の喪失をもたらして今日に至る、と嘆いている。

外人ノ跋扈《ばっこ》跳梁《ちょうりょう》殆《ほとん》ド復制ス可カラザルニ至ル。然シテ其原《そのみなもと》ヲ尋ヌレバ、幕府ノ失体ヨリ起ルト雖《いえど》モ、当時慷慨自ラ任ゼシ士人ノ躬《み》親ラ招ク所ノモノ多キニ居ル。其瘡《そう》ヤ深ク其痍《い》ヤ大ニ、瘡痍未ダ全ク癒ヘズ、国辱未ダ全ク雪《きよ》メズ、慷慨有志ノ士ノ深ク当年ヲ浩歎《こうたん》スル所ナリ。

柴は会津出身である。この小説によれば、会津は公武の間に立って調和に努め、悪循環をくいとめようとしたが、「勇」と「剛直」はあっても「謀」と「変通」に欠け、「孤忠」空しく、逆賊の汚名を受けた。

アイルランドとスペインにも同様の悪循環に見舞われ、悲運をかこつ愛国者がいた。中国からは、やや文脈が異なるが、明の遺臣でありながら清朝のためにアヘン戦争に従軍し、戦死した者の遺児がいた。

独立不羈を謳歌するアメリカの、風光明媚な、かつ独立宣言の舞台であったフィラデルフィアで、彼ら彼女らが肝胆相照らす、というのが『佳人之奇遇』の始まりである。

その中には美人がおり、舞踊があり、慕情と離別があるのだが、各々の本国の悲境が、フィラデルフィアでの一時の邂逅をかけがえのないものとしているのである。
悪循環は、どうすれば止められるのだろうか。

立憲制を広げたもの――政治小説の論理と出自

これまでのいくつかの引用から読み取れるように、循環には自己増殖的な性格があり、一度始まると止めることは難しい。

止めようとして力及ばず、というのはまだ良い。場合によっては巻き込まれ、気がつけば悪循環の一翼を担ってしまうこともある。会津とて、佐幕派の急先鋒となったではないか。

『佳人之奇遇』に劣らず成功した政治小説として、矢野文雄（龍渓）の『経国美談』（一八八三～八四年）と末広重恭（鉄腸）の『雪中梅』（一八八六年）がある。これらの小説は、悪循環をただ止めるというよりは、別途に好循環を起こすことを推奨しているようである。

中庸を得た思想と真正な情熱を持った政治家が演説し、懐疑的ないし無関心な聴衆を次第に巻き込んでいく情景を、矢野も末広も詳細に描く。

『雪中梅』のほぼ冒頭、主人公の国野《くにの》基《もとい》の演説はこのようなものである。[5]

> 前年来社会に率先して民権自由の論を唱へしものを視るに、其気象の高尚にして其の精神の活潑《かっぱつ》なる、寔《まこと》に有志家たるの名に慙《は》ぢず、我々の深く感服する所なれども、其の議論の根拠とする所

に至つては、往々空疎杜撰《ずさん》の譏《そし》りを免かれざるものあり。当時専ら社会に流行したる議論の要領を挙ぐれば、曰く天賦《てんぷ》の権利、曰く平等の自由、曰く全く政府の干渉を廃止せざれば最大幸福を得べからず、曰く政府は我々の権利自由を保護するに止まり、社会の福利を増加せんとする所為の如きは其の適当なる職掌に非らざるなり、と甲唱へ乙和し、万口殆んど一に出づるが如く、ルーソーの丸呑みに非らざればスペンサーの仮声《こわいろ》なり（ノー〳〵）。諸君姑《しばら》く静まつて余の説を尽さしめよ。

『雪中梅』（1886年）より「井生村楼演説会之図」

自由民権運動に敬意を表しつつも、その議論が抽象的に過ぎたと批判し、反発する聴衆に対して今しばし論を尽くさせよと求める。

歴史上の関係を度外に置き、風土人情の如何を不問に付して、徒らに想像の政事社会を論ずるときは、一時世人の耳目を聳動《しょうどう》するも、久して遂に多数の厭倦《えんけん》を来たさざるを得ず。是《こ》れ自然の勢なり（然り〳〵）。

歴史や風土・人情を踏まえない議論が一時は人々を揺り動かしてもやがて飽きられることは自然の勢いだと断言すると、会場から同調する声が上がる。

驚濤天を巻くの勢ありし民権論の、数年を出でずして潮退き沙出《すな》づの形状となりしものは、決して偶然に非らざるなり。故に余は議論の空漠に流れしを以て、政事思想の退歩に就きたる一原因なりと断言せんとす（大喝采）。

国野は自由民権論の志に共鳴を示しつつ、その抽象性の故に長続きしなかったと批判した上で、具体的で着実な議論を蓄積するよう説得する。その真率な演説が、当初はひやかされたり「ノー〳〵」という野次を受けるものの、次第に聴衆からの賛同が増え、ついには「満堂喝采」を受けるところから話が展開していく。

『雪中梅』の続編『花間鶯』（一八八七～八八年）では、憲法制定会議を開催するという主人公の提案が官民の調和を実現する。

政治小説はこのように、運動を抑制する論理を含んでいた。興味深いのはしかし、同時に政治参加を促すヴィジョンとしても機能した点である。およそ循環は自己増殖的な性格を持つのであるから、その性質さえ持っていれば、小さなアクションが好循環へと拡大しうる。一青年の一場の演説や一本の論説や一夜の語らいが、好循環の発端となりうるのである。思えばここまでに挙げた三大ベストセラー作家は、いずれも自由民権運動の主流から外れた人々であった。

末広は自由党の結成に参画したものの排斥され、国会開設前夜に大同団結運動に参加するが、これも失速した。国会開設後は自由党の代議士となるが、やはり排斥された。矢野は自由党ではなく立憲改進党の最高幹部であり、やがて政府に復帰した。柴にいたっては、国権派に分類すべきである。

いずれも自由民権運動の急進性を戒める立場にあったため、鳥尾と同様、運動がもたらす悪循環の弊害を説きやすかったのであろう。

それは同時に、立憲制の普遍化に寄与したように思われる。自由民権運動に批判的であった人々も、多くが演説や論説や選挙といった立憲制のプラクティスに熱心に参画した。立憲制へのボイコットはなかったのである。それが利にかなっていたからであるが、理にも美にもかなっていると説いたのが政治小説だったのである。

政党の明暗を分けたもの――インスピレーション

だが保守派・国権派が躊躇したこともあった。政党を結成することである。第1章で紹介した「朋党」の観念がそうであるが、彼らが親しんだ漢籍の世界では、政党は徒党に堕しやすい。徒党はしばしば悪循環の元凶となる。逆に好循環に志士仁人《ししじんじん》が呼応するためには、あらかじめ政党組織に組み込まれている必要があるとは考えにくかった。

鳥尾らは保守中正党を結成したが、政党の危険性を警告することでは人後に落ちなかった。そのため、彼の機関紙は支持者に政党加入を促すにも「羹《あつもの》に懲り膾《なます》を吹く勿れ」といったことから説かなければならなかったのである（社説『中正日報』一八九〇年十一月十三日）。

保守派・国権派は政治小説を通じて自由民権運動をハッキングしようとしたが、結局自らがハッキングされ、民権派に有利な土俵で苦戦する羽目に陥ったといえるかもしれない。

循環の観念はいたるところに見出されるので、その諸類型を調べあげるまでは、点と線の考察を超えるものではない。しかし差し当たりの結論としては、循環の観念には、保守的な人々に対して立憲制への参画を促す傾向があり、政党政治への参画は促さない傾向があるのだとしておこう。ならば保守派に対抗する民権派が、政党を発展させる装置として循環の観念を占奪することを考えたりはしなかっただろうか。これは私のただの「思ひ付き」だったのだが、徳富蘇峰に注目するうちに、「病み付き」になろうとしている。

一八八八年五月、徳富は自らが運営する雑誌『国民之友』において、「インスピレーション」と題する論説を発表した（第二二号）。この文章はインスピレーションという言葉を流行させただけではなく、文学が政治から独立した価値を有する根拠を示したものとして、文壇から歓迎された。[6]

同時に徳富は、循環という政治的観念を、「インスピレーション」を介して非政治的世界へと導入したように思われる。

ミルトン、杜甫、ユーゴー、ベートーヴェン、ワグナーの作品、水滸伝、奈良の大仏から万里の長城までの大建築物を列挙した上で、これら人類の偉業が人の心から生まれたこと、つまり無から始まったことを力説する。

無から偉業を生み出す条件は何か。インスピレーションである。そしてこのインスピレーションは、政治的効用もあるらしい。徳富が最も論争的であったのは、この点においてであった。インスピレーションが周囲に対して発揮する自己増殖的な吸引力を、徳富は強調する。

知る可《べ》し英雄人を籠絡《ろうらく》すると云ふが如きは、決して智術に依るに非ず、決して編物細工にて為したるに非ず、即ち云ふに云はれぬ「インスピレーション」なる者あり、其人に接するや、電気の物に触るる如く、磁気の物を吸ふが如く、離れんと欲して、離るる能はざる者あることを。

ここで徳富は、好循環の条件から「智術」を排除したように見える。柴は悲憤慷慨を尊んだが、そこに「謀」や「変通」がなければならないと考えた。だが徳富は、「智術」は必要ではないと断言する。そもそも、もし「智術」ごときで「籠絡」できるのであれば、それを説く者が自ら実践して出世しているはずではないか、と冷笑する。

必要なのはインスピレーションであり、これは自我を失い、彼我の境界を忘れ、人間を超越した時に到来するという。こうした境地をもたらすために必要なのは、「醇粋（Genuineness）」である。徳富の説明では、「脇目も振らず、忠純専一、一生懸命に一の方に向つて働くこと」である。こうなった時、無から有が生まれるのである。

至誠は神明に通ず、凡《およ》そ人真面目になり、純粋になり、一生懸命になる時に於ては、弱き人も強く、愚なる人も智に、無用の人も有用となるなり

至誠あるところ、ところ選ばずインスピレーションが降臨し、不可能を可能にする。いかにも政治的汎用性が高そうである。初期議会で検証してみよう。

循環の観念の遍在

初期議会の前半、民権派の自由党・改進党は歳入の大幅削減を求めて、衆議院で予算闘争を展開した。行政経費を削減する場合は、明治憲法第六七条によれば政府の同意が必要であり、この同意をいつ求めるかという憲法解釈問題が第一議会の争点であった。徳富が経営する『国民新聞』は、憲法解釈に顧慮することなく削減案を可決し、第六七条の解釈はこの既成事実を前提に決定すべきであると激励した（「国会に於ける憲法論」『国民新聞』一八九〇年五月二一日）。民権派がどういう勢いを獲得すべきかについて、雄弁に語っている。

天下若《も》し敵すべからざるものありとせば、已《や》むを得ざるの勢是れなり、何となれば已むを得ずして為す、是れ実に已まんと欲して已む能はざる所なり、此の時に方《あた》つて、四囲の情景皆な此の勢を助く、大雨沛然《はいぜん》として下り、江漢の暴漲海に下るが如し、議員にして良心の命ずる所、情景の教ゆる所に従つて議決し、其議決により憲法解釈論となるか、是れ已むを得ざるの勢なり、天下の人心漲然として此に集まらん、此時に方つて、何ものか之に敵するを得ん

無我夢中だったので、憲法解釈のことは忘れていました、という振り付けである。人生、そういうこともあるかもしれない。「至誠の嘘」とでも呼ぶべきだろう。

逆に避けるべきシナリオは、もの好きな議員が拙速に憲法解釈を論じ始め、一斉に論戦が始まり、制止不可能になるというものである。まさに悪循環のヴィジョンによってこれを戒める。

一人之に触る、憲法論の琴線、騒然として鳴らん、一人の愚人能《よ》く水門を開くべし、已に開らく、百人の智者も之を防ぐべからず、遂に紛議百出、収拾するに由なく、混乱の悪運に堕落せんことを。

予算闘争は一八九二年末からの第四議会において頂点に達したが、翌年二月に明治天皇が和協の

詔勅を発したことで頓挫した。これは豹変の強力な口実となり、自由党は政府への接近の傾向を強め、改進党は孤立した。改進党は新たな多数派形成のために、条約改正問題をめぐる対外硬派の結集を図る。

そのためには改進党も豹変して、元来敵対していた保守派・国権派と提携しなければならなかったが、インスピレーションには過去やイデオロギーを超越する性格があるので、できない相談ではなかった。しかももともと徳富にとって保守派・国権派の取り柄は「一片の侠骨」や「意気」や「然諾」であり、「忠誠篤実」が理想なのであった（「明治の青年と保守党」『国民之友』第一一七号、一八九一年五月）。こうした美徳を「醇粋」や「至誠」のようなものにまで昇格させるのは簡単そうであるし、それができれば好循環の相手方として認知できたのである。

ここまで有用になった循環の観念に対しては、最大限の警戒が必要である。

まず、インスピレーションによる好循環は、イデオロギーの彼岸にあるから、機会主義と紙一重である。「至誠の嘘」は、常習化すると嘘になるであろうし、恐らくは「横着な嘘」になる。

また、政治小説における好循環は、実際にそうなるかどうかは別として、一国全体を範囲として構想されていた。だが衆議院での多数派糾合のための好循環は、藩閥政府がこれに対抗する限り、衆議院と政府の間で対立の悪循環を引き起こす。これを好循環と言えるだろうか。

国民主義を標榜し、党派根性を攻撃する陸羯南は、循環の観念により忠実であった。国政レベルでの悪循環の源泉を追及して、予算問題では民権派の闘争を批判したが、条約改正問題については政府による抑圧を批判した。後者の争点がより重大であり、これによって第二の維新を起こすと思い定めてからは、「国民の元気は由来一難を経る毎に百倍し来るの弾力を示せり」と記し、政府の抑圧と対立の激化をむしろ歓迎してみせた(『日本』社説、一八九四年二月二十六日)。弾性力を身上とする「元気」は、悪循環を肯定的に捉えた表現というべきであろう。

これに対して徳富の循環は、仮に好ましいとしても、循環といえるのかがやや疑問なところがあった。

第一議会で期待した好循環についての、「天下若し敵すべからざるものありとせば、已むを得ざるの勢是れなり」から始まる引用を再読すると、異なる主体が織りなす循環、という側面が後退していることに気づく。

悪循環は、敵のアクションと自らのアクションとの相互作用によって構成されているので、少なくとも敵の存在は認知していた。

これに対し好循環は、正しいのだからすぐに天下の支持が得られると論じられがちであり、かつ妨害や難問にくじけず邁進すべきであるから、単線的な勢いのようなものになりやすいのである。

そもそもインスピレーションが眉唾だったのかもしれない。相互に独立な政治主体が提携するためには、それら複数の主体にインスピレーションが降臨し、好循環が始まらなければならない。しかしインスピレーションはやはり文学に親和的であり、単独の主体に降臨し、孤独に偉業を達成する方が自然に思える。その意味でインスピレーションは、政治の複数性を排除するわけではないが、必須とするわけでもなさそうである。この点が実は、戦闘モードの政党には好都合だったのである。循環の観念は、政党に奉仕することで拡散し、薄められたのではないだろうか。

循環の観念の衰退

それでも循環の観念は役割を果たした。既に述べた通り、第一に、明治の立憲制は民権派から保守派・国権派まで包括するという正統性を備え、第二に、衆議院では民権派・対外硬派が優位を占めることで反藩閥感情の溜飲を下げることができた。日清戦争（一八九四～九五年）・日露戦争（一九〇四～〇五年）において、日本は国民の献身を動員する能力に優っていた。上記のような立憲制が、これに寄与していたであろう。

しかしこれらの戦勝によって、外交における循環の観念の衰退が決定づけられたように思われる。大国と戦って勝ってしまったので、戦果を守るべく再戦を回避し、現状を固定化することが至上命題となったからである。

やや脱線することになるが、この至上命題が何をもたらしたかを、展望しておこう。戦果を固定化しようとする努力は、長期的には、かえって対外関係を漂流させることになったといえる。

日清戦争後の日本は官民を問わず中国に人脈を作り、支援するという傾向を強めた。それは両国の関係を深めるためであったが、リスクも高めた。中国国内が分裂した場合、それぞれの陣営に肩入れする日本人がいるということになるからである。一九一一年に辛亥革命が起き、中国が内戦状態に陥った時、日本政府は現地から複数の介入プランを提示され、その対中政策は一貫性を欠き、かつ干渉的なものとなった。

また、日本は日露戦争の結果ロシアから継承した権益の期限延長を図り、一九一四年に第一次世界大戦が勃発すると、対独参戦するとともに、対華二一箇条を中国に突き付け、対中・対米関係を悪化させた。

強国ロシアに対しては、再戦を避けるという要請は一層強かった。日本はロシアと繰り返し協定し、中国における両者の勢力圏を画定しようとした。

一九〇七年には第一次日露協約を締結し、満洲におけるそれぞれの勢力圏の尊重を約束した。一九一〇年には第二次協約を締結し、両国の勢力圏のための共同行動・相互援助を約束した。一九一二年の第三次協約によって、両国の勢力圏を内モンゴルにまで延長することが決まった。一九一六年の第四次協約は、ドイツを念頭に置きつつ、中国を掌握しようとする第三国との戦争に際して軍事的援助を与えることに合意しており、中国に関する日露同盟と呼ぶことができる。

だが翌年のロシア革命により同盟は反故となり、一〇年以上かけた対露関係安定化の努力は水泡に帰した。日本は今度はシベリアに出兵した（一九一八～二二年）。

このようにして、中国・ロシア（ソ連）の双方に対して、介入的な隣人としての色彩を強め、これに反発するアメリカとの関係も悪化させたのである。

戦間期に協調外交の試みがあり、一定の軌道修正に成功したのだが、ここではさらに脱線して、第二次世界大戦後のことを考えたい。

戦後日本の使命

第二次世界大戦の後の日本の歴史認識は、加害者かつ被害者かつ敗者としてのそれである。これとは対照的に、日清・日露戦争後の認識は、勝者としてのそれであった。

加害者としての歴史認識においては、被害者は怨恨を忘れないものだ、という覚悟が重要である。過去を忘れない、ということである。

勝者の歴史認識にありがちな欠点は、過去を忘れられないことである。繰り返し戦争の結果の確認を求め、自らの政策的選択肢を狭め、敗者との関係改善の可能性を狭めることである。

戦後のロシアと中国は、この勝者の呪縛にとらわれているように見える。被害者として忘れない、というもっともな要素が加わるのでなおさらである。日本の使命は、加害者としての謝罪や説明に加えて、勝者として何を喪失したかという記憶を共有することにあるだろう。

そのことには、ロシア・中国に自省を促すだけではなく、勝者の陥穽の彼方に、循環の観念の喪失があったことを想起させる意義がある。対立の悪循環を防ぎ、好循環を随所に起こす政治的知恵を国際的に醸成させるためである。

このように、循環の観念は重要であり、この観念から生まれるレトリックは有用である。「横着な嘘」で対立を激化させる向きには、これで一矢報いるのもよかろう。

しかしながら、循環のレトリックについては、すぐにハッキングされてしまうことが気になる。循環のレトリックは、究極的には世界に奉仕すべきである。国と国の関係を良好にし、国内の対立に節度を与え、家庭内に調和をもたらすために、用いられるべきである。私はそう思う。

だが私がそう思っても、循環のレトリックの関知するところではない。小さなアクションを起点とし、小さなアクションが相手のより大きなアクションを招くという観念から発しているのであるから、まず全体的な視点から見る、という発想がない。悪循環の責めを相手に負わせて罵倒したり、自陣営の結集のために好循環のレトリックを召喚したり、どの部分に使っても有用である。

強者ないし政権の側は、まだ自制するかもしれない。全体の統治に責任を持つ（はずだ）からである。だが弱者ないし野党の側には自制する動機が乏しい。対立の激化を憂いてみせながら対立を激化させるなど、「横着」そのものである。レトリックの、言葉の値打ちが下がるばかりである。

これは御説教で終わらせてはいけない。初心がよくても、政治をしているうちにどんどん流されてしまうことは、鳥尾小弥太からも陸羯南からも教わったのであるから。

循環のほかに、弱者・野党の側が使いやすいレトリックをもう少しそろえてあげたらどうかと思う。次章の課題である。

第4章　五／七／五で嘘を切る

権力者の嘘／挑戦者の嘘

この第Ⅱ部のもととなる「嘘の明治史」を雑誌『アステイオン』に書き始めてから、イギリスではEU離脱を可とする国民投票があり、アメリカではトランプ大統領が誕生した。あからさまな嘘を政治家が平然と語り——私が「横着な嘘」と呼ぶ行為——、その嘘によって本人が大きな打撃を受けないという事態が、珍しくなくなったのである。世界中で、嘘《フェイク》についての論評が溢れかえるようになった。先見の明を誇る気分にはなれないのだが。

もっとも、日本国内の嘘と海外の嘘には違いがある。導入で述べたように、日本では中原に向けてリップサーヴィスを行う必要が「横着な嘘」の背景にあるのだとすれば、リップサーヴィスの必要がより大きいのは統治する側である。野党には城塞にこもって春を待つという選択肢がある。そこで、もっぱら政権の嘘が際立つのであった。

日本以外の先進諸国においては、状況は異なる。これらの国々においては、グローバリゼーションの最大の敗者は、白人労働者である。賃金の低い非白人の労働者が流入し、それとの競争を強いられるからである。ならば周辺部の城塞には目もくれずに、怒れる中原に訴えれば、勝利できてしまうことがある。だからエスタブリッシュメントに挑戦する側が嘘を含んだ煽動を試み、激震を起こすのである。

日本では移民や難民が限られているので、こうしたリスクにはさらされていない。だからこそ、民主主義と国際協調の本筋を示し続ける義務があるであろうし、それができたならば、世界が我に返った暁には、日本外交の大きなアセットとなっているであろう。

ついでに嘘に抗する装備を自らの歴史から発掘しておければ、アセットの小さなおまけぐらいにはなるであろう。本書はこのおまけを目指している。

対立を乗りこなす

対立がヒートアップすると、嘘が増える。政治家は必死となり、それこそ「必死の嘘」――露見すると政治生命にかかわる嘘――をつくことがあるであろう。「必死の嘘」はいけないが、まだしも人々の判断に影響を与えようとする努力の帰結である。このような努力すらしなくなると、「横着な嘘」である。その時に発生するであろう絶望やニヒリズムへの懸念から、この考察は始まった。

横着に対してはやはり努力で対抗すべきであって、言葉の可能性を動員した説得のことをレトリックと呼んだ。

トランプの台頭を見た後は、もっと説明しやすくなった。「横着な嘘」をつく者は、横着であればあるほど、事実や論理や良識や権力をものともしない力を一部の聴衆に感じさせるということである。これにただ反論しても、今列挙した外在的な何かによりかかっているような弱さを感じさせてしまう。反論する側も力を必要とするが、およそ力の源泉になりそうなものは外在化されてしまっているので、言葉そのものの力しか頼めない。この力ある言葉をレトリックと呼んだのである。「横着な嘘」の製造は、これまた横着であればあるほど簡単そうである。対抗してレトリックを生産し続けるのは、職業政治家の手に余るかもしれない。政治評論がレトリックを提供したり、文芸が——意識的かどうかはさておき——レトリックの祖型を提供したりするかもしれない。明治時代には政治家がしばしば記者でもあり、政治・政治評論と文芸の距離が小さいので、考察の対象によいと考えた。

対立する陣営の指導者が、なれ合いや欺瞞に陥らずに妥協するよう誘う言説を、第2章にて福地櫻痴の歌舞伎を題材にして考えた。対立が増幅し、悪循環になることの恐ろしさと、それを克服する方途について、政治小説が語ったことを第3章で紹介した。

つまりもっぱら対立をどう抑制するかを論じてきたのであるが、対立のない世界を目指していたわけではない。「横着な嘘」を減らすには、政治家同士が牽制し合うのが第一歩だからである。嘘との戦いは、対立を乗りこなす試行錯誤の連続である。

対立する陣営のうち、より弱く小さい側が成立し、暴発も萎縮もせず存続することは自明ではなく、大切なことである。そこで本章では、野党を支える言説について考えたい。

明治の野党

嘘の歯止めとしては、日本の野党は心もとなかった。大隈重信を指導者と仰ぐ勢力が、野党を形成した。第1章で概観したように、立憲改進党、進歩党、憲政党（旧進歩党系）、憲政本党、立憲国民党と変遷した。国民党の改革派が立憲同志会に渡り、憲政会（後に立憲民政党）となるにいたって政党内閣期の主流となったのであるが、そこまでの党名変更のめまぐるしさは、野党の歴史に屈曲が多かったことを示している。

屈曲の最大の原因は、大隈とその周辺の政権志向の強さであろう。というのも、政権志向が強いからこそ藩閥政府の政策を批判し続け、自らの政策をアピールし続け、結局は野党として対峙する羽目となった。不遇の政党は、同じく野党色の強い他勢力との合体によって拡大するしかなかった。党名の多さは、合体の多さから来る。こうした合体が大義名分として在野精神を謳い上げたのは当然であったから、大隈一派の根強い政権欲は党員や支持者の感激に水を差すことがあった。

この系譜の政党については、第Ⅲ部で進歩党系と名付けて本格的に論じたい。本章で重要なのは、こうした矛盾が明治の野党に付与した面妖さである。在野精神を謳いながら政権欲が強く、他勢力との提携に開かれているわりにはどこか信用されない、という面妖さである。

野党を嘘から救うには

ライヴァルの方が、より明快であった。一八八〇年代中葉に解党し、分裂したのを除けば、自由党（頭に「立憲」が付いたりとれたりはしたが）、そして立憲政友会でほぼ終始した。自由民権運動から出発しながら、与党化の先鞭を付けたのだから、それこそ豹変に成功したというべきなのであるが、その言動は比較的に率直であり、自由党系に敵対した新聞『日本』の社説も、「言為必ずしも飾らず、過失必ずしも掩はざる所、一種愛すべしとせられた」ことは認めた（一九〇三年十二月七日）。「横着」も年季を積むと、こういう味が出てくるらしい。

進歩党系には嘘が多く、自由党系は横着であったので、「横着な嘘」の本尊がどちらなのかは悩ましいところである。最近の英米は、嘘をごまかそうとする努力すら怠り始めた点が、少なからぬ人々に絶望に近い感情を与えた。自由党系がこれに近いように見える。

だがヨーロッパ大陸にもポピュリズムは強く、しかも人種主義ではなく男女平等や言論の自由といったリベラルな論理によるイスラム系移民の排斥へと「洗練」されてきたことを我々に確認させるのかもしれない。進歩党系の理論志向と通底するであろうか。

こうした近未来への憶測を遠慮するならば、自由党系が本尊の栄誉をかちとるのかもしれないが、進歩党系もこれを引き立てる程度にはいかがわしいのであった。

そこで、およそ政党の豹変や欺瞞には批判的でありながら、なおも進歩党系を応援し、鞭撻《べんたつ》した知識人集団を取り上げることにする。政教社の志賀重昂《しげたか》（矧川《しんせん》）や三宅雪嶺《せつれい》、前出の新聞『日本』を率いた陸羯南らである。本章の検討対象を、野党の言説ではなく野党を支える言説としたのは、そういうことであった。

「**北人の内閣**」

一八九六年、改進党は対外硬派を糾合して、進歩党を結成した。

この機運を高めた論客として、前章に登場した徳富蘇峰の他に、政教社とその周辺の知識人たちがいる。政教社の掲げる国粋保存主義とは、旺盛な西洋化を日本の主体的選択に基づいて行うというものであったから、ハイカラな改進党を対外硬派へと架橋しえたのである。

志賀にいたっては自ら進歩党の幹部となった。同年中に薩派の松方正義が第二次内閣を組織し、進歩党がその与党になると、翌年八月に農商務省山林局長に就任した。一八九八年に成立した第一次大隈内閣においては、外務省勅任参事官となった。

進歩党結成に先立つ一八九五年秋、志賀は新潟に滞在し、遊説のかたわら『新潟新聞』にて執筆していた。その目的は、県内をできる限り大同団結させて、当時の第二次伊藤博文内閣に対抗させることにあった。

例えば社説「北越人士に与ふる書」（十月六日・八日）は、後に政教社の機関誌『日本人』に修正・転載されたのであるが、かつて徳川氏が陰に陽に越後を離間した歴史が、県内が小党分立する起源であると断じている。これに一矢報いるべく、県内諸派が「北人の内閣」を組織する気概を持って大合同することを主張する。「北人」に志賀は、薩長閥、特に政権主流を占めていた長州閥への対抗意識を投影させていたであろう。

さらに志賀は、新潟が率先すれば、秋田・福岡が応じ、鹿児島・群馬・京都・福島・茨城も続き、全国の形勢は一変、二年以内に政権を奪取できると予測してみせた。

日本を愛する〈科学的〉理由

各地の自尊心や対抗意識を啓発するための語彙や具体例を、志賀ほど持ち合わせた者はいなかった。前年の一八九四年十月に、政教社から『日本風景論』を刊行していたからである。同書は版を重ね度々修正を加えたが、ここでは細かい変遷は問わない[7]。

意図は明確であり、日本の風土が卓越していることを、一定の科学的根拠の下に示そうとしたものであった。

その根拠とは、気候・海流の多様・多変と、水蒸気・火山岩・流水の豊富さにあった。特に志賀が情熱的に称揚したのは、火山岩であった。溶岩として噴火し、冷え固まることを通じて、多彩な形状を得ることを愛でたのである。

想ふ火山岩たる、元《も》と地皮の皺縮《しゅうしゅく》せる際、熱気を揮霍《きかく》し、余怒激して爆然外に噴き来り、噴き来りたる溶岩の外気に触れて収縮せしもの、故にその状や槎牙《さが》重複、裂くるが如く、欠くるに似、あるいは刻削せる壁の如く、あるいは斧鑿《ふさく》せる柱に似、譎奇《けっき》変幻具状すべからず、日本表土の五分の一実にこの岩に成るとせば、景物の警抜秀俊なる固より知るべきのみ。

この変幻する火山岩が豊饒な水分による浸食を受け、変化に富んだ国土を形成した。だから日本は多様で美しいのである。

火山脈は国土の背骨を形成し、そこに複雑な海岸線が迫る。例えば鳥海山に登頂すれば、馬が走るように奥羽山脈が連なり、日本海が見え、最上《もがみ》川の背後には越後の山々が控える。白眉は明け方であり、鳥海山の円錐形の影が日本海に映じる。

頂に登りて四望せんか、東には陸羽の境界を限れる中央火山脈（日本本島の主軸をなす大山系）の連山奔馬《ほんば》の如く南走し、西には日本海浩渺《こうびょう》して、男鹿《おが》半島、飛島、粟生《あわ》島、佐渡、煙波杳溟《ようめい》の間に点綴《てんてい》し、南には最上川の渓谷を下瞰《かかん》し越後の山脈更にその南に障立す、鳥海山頂の最奇観は払暁その円錐形なる山影の日本海に倒映するこれなり、太陽の昇るやその影疾《と》く減縮するを以てこの景勝を看んとせば、一夜を本社殿側の小屋に明かすこと可、文人画師たる者必らず登臨せん哉。

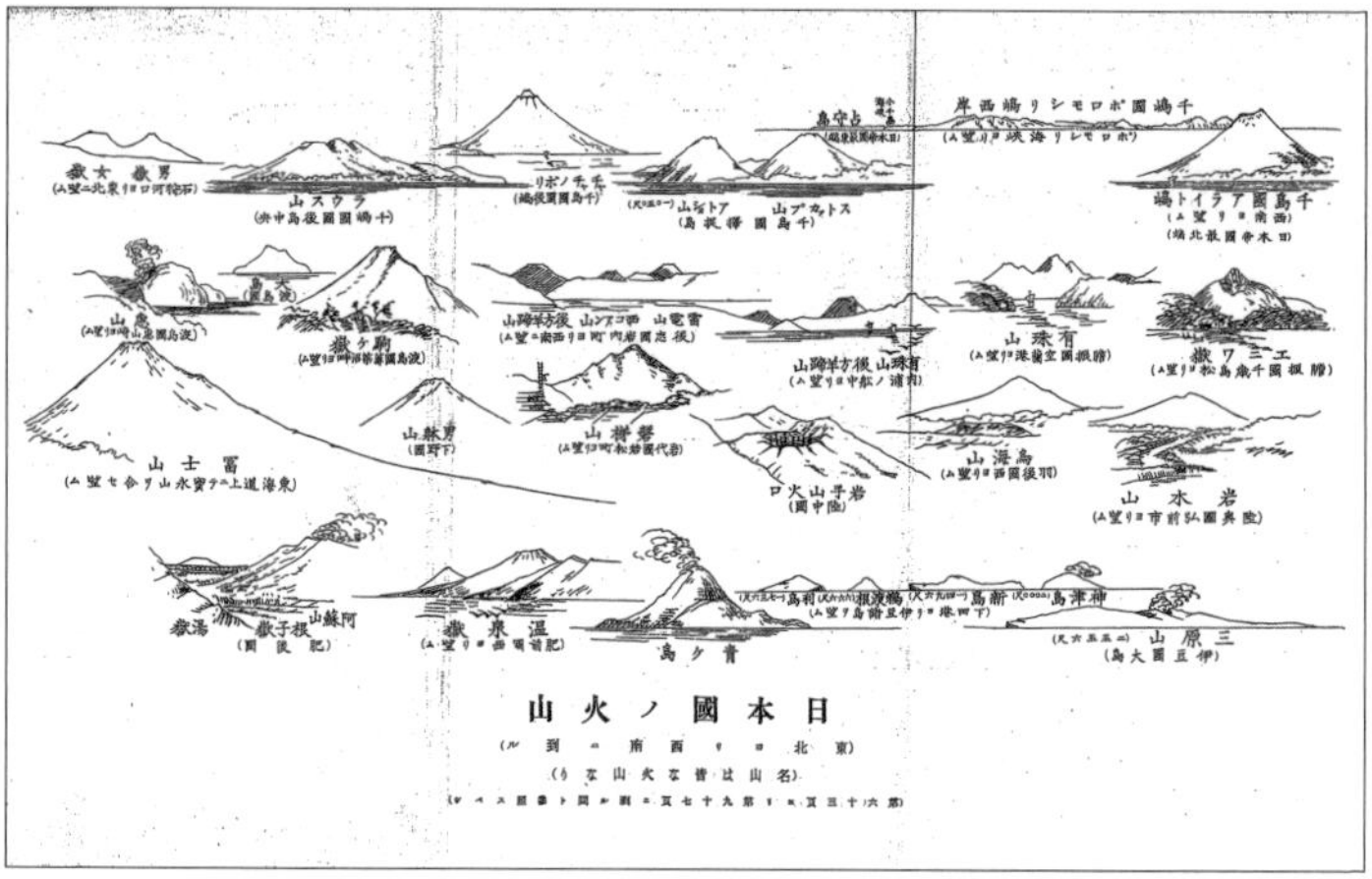

『日本風景論』（1894年）より折込みの「日本国ノ火山（東北ヨリ西南ニ到ル）」

各地の風景を雄渾《ゆうこん》な文章で、かつ先人の漢文や和歌・俳句をちりばめて謳い上げた。日清戦争で高揚した国民の自意識に投じて、ベストセラーとなった。長く読まれたもう一つの理由は、スポーツとしての登山の先駆的な入門書となったことにある。戦役に冒険心を刺激された者が、上記の鳥海山の眺望を読み、心を動かされずにいるのは難しかったであろう。

実は志賀自身は恰幅が良すぎて登山に堪えなかったが、来日した西洋人の登山案内を取捨して、一般的な装備・工夫から主要な山の登頂ルートや宿泊場所まで、初めて日本語で系統的に紹介し、登山流行の発祥となったのである。

志賀にとっては、登山の一歩一歩が、野党への一票一票であったのかもしれない。

ただし志賀の風景論は、新潟の本領以上に、日本の世界における本領の発揮に熱心であったと思われる。その手段は着実であるべきと考える志賀は、対外硬運動が操縦や懐柔の対象であることを大隈に対しては隠そうとせず、大隈に重用された一因であったかもしれない。[8]ならば対外硬派と無縁な伊藤博文が改心し、清新な統治政党を作るとしたら、そちらの方が仕え甲斐があったのではないか。伊藤が一九〇〇年に政友会を創設すると、志賀は政友会に転じたのである。

野党を支えるレトリック――本領と希望

政友会創設後、進歩党系（憲政本党）は紆余曲折を経つつも劣勢となり、長く政権から排除された。この野党をより一貫して鞭撻した知識人として、三宅雪嶺と陸羯南に注目したい。

その使命の第一は、志賀のような地域主義に頼らずに野党固有の本領を擁護することであった。例えば、「少数党は勢に於て何事も為し得ざれど、多数党の勢に乗じて暴慢に流れんとする、飽くまで正義を執り、（中略）言ふべき限りを言ひて徐《おもむ》ろに国民の判断を俟《ま》つ、これ其の職分なり」といったように、特定地域の風景や気風に依拠することなく野党の職分を説く（社説『日本』一九〇一年一月二十二日）。一所懸命を一生懸命に読み替えて、長期持久を期したのである。

第二に、いずれは野党が勝利する希望を示し、鼓舞しなければならなかった。上記の社説で「国民にして一分健全たる所ある、終には正否を判別するに至るべし」と述べているのもその一つである。「端厳精到」と評された羯南よりも「奇警飄逸《ひょういつ》」と称された雪嶺の方が、手を替え品を替え希望を描き出すのには長けていた（八太徳三郎「三宅氏と日本人」『日本人』四四九号、一九〇六年）。

そこで政教社の機関誌『日本人』の社論を読んでみる。軍拡の財政負担への不満がいずれ爆発するといった見通しは序の口で（『日本人』八三号、一八九九年）、利益による懐柔は一度始まるとその範囲を徐々に拡大するものであり、やがて破綻するか公平になるかであるとか（同八七号、一〇五号、一八九九年）、政界の沈滞は超然主義も政党内閣も失敗を経験し確信を失っているからで、徐々に外部の輿論が決定力を持つようになる予兆であるとか（同一四九号、一九〇一年）、論理を妖刀のように操って希望を紡ぎ出す手口は、明治期ジャーナリズムの見所の一つであろう。

野党を支える言説の第三の使命は、本領と希望との適切な関係づけである。ここで雪嶺が、希望の成就を先延ばしにしているように見える点が興味深い。「果して何の時に起るべきやは亦《ま》た予め判知するに易からず」「只《た》だ濫《みだ》りに臆測すべき限りにあらずとす」「今は唯《た》だ忍んで待つの外なし」などと、意気阻喪させる言葉を随所に挿入する。

より展望が明快な、軍拡財政への不満の糾合については、「永久の歳月を要せず」と励ましているが、永久ではないというのが励ましになるとは思えない。同じ段落の末尾にはダメ押しのように、「急がば廻われ」と述べている。

勝利を安請け合いできない現実はあったが、とはいえ妖刀を抜く度にいちいち鞘《さや》に納めなくてもよいではないか。

希望の妖刀を鞘に納めるために、志賀の風景論のような議論を流用することもあった。一九〇六年の論説では、山は「変化万状」、水は「変態百出」でこそ人の目を悦ばせるとした上で、これを人生の旅に置き換える。成功を渇望する者は真の成功を得ず、失敗を辞さない者にして初めて成功するという逆説を説き、これをずばり「パラドックス」と呼んだ（『日本人』四四八号、一九〇六年）。同様のことを明確に政党に対して説く場合もあり、「パラドックス」は雪嶺の文体の特徴といえよう（『日本人』一九三号、一九〇三年）。

今日政党に於て最も忌むべきは自己の勢利を得るに急なること是れ、唯だ之を得るに急ならず自ら利する事をも念《おも》はざるこそ却て自ら利する所以《ゆえん》なるべし、謂《いわ》ゆる急がば廻はれとは是れ此の謂ならずや。

成功までの長い時に野党は堪えなければならない。この長い時に伴走するのが、直接的ならぬ因果を繰り返し提示する言説である。結果を急ぐ者は与党に向いているのであって、そういう者を招き入れても、野党の本領が失われるだけである。いわば希望への欲望から本領を守り切ることが、野党を支える言説の第三の使命であったのだ。

俳句の実験

これら三つの使命を全て充足し続けるのは、容易ではない。そのような野党を支える政治評論を、さらに支える文芸はあったのであろうか。

直感的に、俳句がそうであったと思う。俳句の革新運動を領導した正岡子規は、死に至るまで陸羯南の庇護を受けた。子規の一派は『日本』や『日本人』に執筆しており、野党知識人の人脈に属していた。

子規は自らの作品に劣らず、俳句評論によって指導的な役割を果たした。目の前の空間を印象明瞭に写生することに、明治の俳句の有力な活路を見出していた。子規の意にかなった句として、高弟の河東碧梧桐のものがある。

かんてらや井戸端を照す星月夜

月のない夜空の下、かんてらが照らす周囲がその外側の暗さから明瞭に浮かび上がり、「極めて明瞭なる印象を生ずる」と称賛している。限られた空間に固有の美を見出すという一点で、志賀の風景論に通じる。

これに終始していると、希望の観念は生まれそうにない。ところが同じく高弟に高浜虚子がいた。虚子は、もともと小説家志望であったことが作用したのか、時間を表現することに野心を見せた。例えば左記である。

盗んだる案山子《かかし》の笠に雨急なり

子規はその意欲は買う。雨の中で被る笠を見て、案山子から盗んだものだとは思わない。この不自然な因果が、時間の隔たりを際立たせる。子規はこれを「主観的時間」と呼び、「現在の事よりしては読者が想像し得ざる程の無関係なる事（天然的に無関係なるを言ふ）を挙げ来りて（偶然的なる）特殊の関係を附けたるなり」と認めた。

この「主観的時間」が雪嶺の追求したような跳躍や断絶やパラドックスの前提であり、希望の観念の根幹であると私は思う。

しかし子規は、時間を表すことに虚子よりも警戒的であった。時間を知覚するためには空間の変動が必要である。つまり、時間を表すにはまず空間を表す手順が省けない。やはり空間が本領である。だが空間も時間も表すには、俳句は短すぎると考えたのである。そう考えて心配し、心配が的中すると容赦なく批判した。案山子の句も、複数の要素を詰め込もうとして窮屈になっている。笠に人用と案山子用の種別があるわけではなく、「案山子の笠」とは不穏当ではないか。

こう批判しておいて子規は、虚子が実験を続けることを期待した。そして自らは、漢語を駆使して時間を俳句に埋め込んだ先駆者、蕪村の再評価を本格化させていく（獺祭書屋主人「明治二十九年の俳句界」『日本』一八九七年一〜三月）。

虚子は期待に応えたようである。本体部分で写生した上で、末尾に短い語句を加えることで時間の要素を発生させたのである。

枯葛を引き切りたりし葎《むぐら》かな

枯葛を引き切ることはよく分かり、葎がその後に咲いたという前後関係が実現している。碧梧桐の「箒木《ははきぎ》は皆伐られけり芙蓉咲く」も同様である。

なるほどこうすれば、自然な調の中にほぼ明瞭な印象と時間の経過――それがもたらす余韻――とを両立させることができる。

子規はこうした試みを「明治の伎倆《ぎりょう》」と認め、自身も「紅葉見や女載せたる駕《かご》の雨」といった類の句を量産してみせた。たしかに、「雨」一文字が加わることで時間が発生する。

これらは「余も完全なりと思へるに非ず」と記すように、子規にとってはあくまで実験的なものであった。

虚子には「宿借さぬ蚕の村や行過ぎし」もある。宿を断られたのを劇化するでもなく、宿を得たと落着するでもなく、ただ通り過ぎてその先は知らぬ。この「「落ち」の見えぬ」「微妙の趣味」が、当時の絵画や小説と同様、繊細な明治人の感覚を体現していると子規は評価した。とはいえこちらは量産が難しそうであり、時間を表す活路が、なおも隘路《あいろ》であることは弁えていたのであった（「俳句新派の傾向」『ホトトギス』一八九九年中に連載）。

『日本』や『日本人』は熱心な読者に恵まれた。その紙誌面においては、実験的な俳句を読む訓練が、雪嶺の妖刀を追う眼力となったのではないか。直線的な因果では想定しきれない展開を繰り返し想像する――本稿では本領を損ねない希望と規定した――野党のサブカルチャーが、おぼろげながら成立したのではないだろうか。

形成期の立憲制と再編期の文芸

明治期に、政治との接点において生まれた文芸を、我々は過大評価しても過小評価してもいけないと思う。それは圧倒的に、過去の遺産の再編であった。福地の歌舞伎は河竹黙阿弥にも、もちろん近松門左衛門にも比肩しなかったであろう。政治小説は政治的意図に一定の複雑性はあるが、意図を小説に移す手法は直訳的な勧善懲悪であった。志賀の漢文調は山頂の眺望は表現しえたが、実は自らが重視した途上の変幻自在な風景を写すには定型的であった。子規にいたっては、俳句は芭蕉・蕪村らによりほぼ完成されており、余命は短いのだと公言して実験を繰り返した。それだけでも大仕事であり、インスピレーションを費やすに値するのであるが。

これらのことはまさに我々に希望を与える。レトリックはゼロから作るものではないということである。我々が日々享受するものにせいぜい再編を加えれば、レトリックの基礎になりうるということである。

自らの娯楽を求め、ただそのために娯楽を再編する労を惜しまない人々であること、逸楽に終わらない娯楽の労を取る人々であることは、市民社会の最低条件である。嘘の少ない政治の形成は、市民社会が支えるのであろう。好き放題論じた挙句がこの平凡な結論である。横着を征伐するつもりが、感染したのであろうか。

注

1 『東京日日新聞』での福地の言論活動については五百旗頭薫「福地源一郎研究序説――『東京日日新聞』の社説より」坂本一登・五百旗頭薫編『日本政治史の新地平』(吉田書店、二〇一三年)。

2 拙著『大隈重信と政党政治――複数政党制の起源　明治十四年―大正三年』(東京大学出版会、二〇〇三年)第一章第二節。

3 福地源一郎『大久保彦左衛門』(博文館、一八九三年)九六頁、一一五頁など。

4 柴四朗(東海散士)『佳人之奇遇』(博文堂、一八八五年)。

5 末広重恭『雪中梅』(博文堂、一八八六年)三四～三八頁。

6 木村洋『文学熱の時代――慷慨から煩悶へ』(名古屋大学出版会、二〇一五年)第一章。

7 志賀重昂『日本風景論』(岩波文庫、一九九五年)八六頁、一二六～一二七頁。

8 〔大隈重信宛志賀重昂、一八九六年〕早稲田大学大学史資料センター編『大隈重信関係文書』6(みすず書房、二〇一〇年)一七三～一七四頁。

Ⅲ　野党　存続の条件

政党の〈嘘〉の功罪

憲政記念館に行くと、犬養毅《つよし》と尾崎行雄の肖像画と尾崎の銅像がある。二人が「憲政の神様」だからである。

二人が特に名を上げたのは大正政変に際してである。大正元年にあたる一九一二年に始まったので、大正政変という。この年、陸軍が二個師団増設を要求すると、西園寺公望首相はこれを拒否し、上原勇作陸軍大臣の辞任を経て第二次西園寺内閣は退陣した。かわって陸軍長州派を出自とする桂太郎が、年末に第三次内閣を組閣した。輿論はこれをとらえて、陸軍長州派の横暴による政変であるとみなした。桂は内大臣であったため、宮中・府中の別が乱れているともみなした。

かくて第一次護憲運動が広がる。人々は街に出て、桂・軍閥・藩閥を弾劾する演説に熱狂した。中でも立憲国民党の犬養と政友会の尾崎の雄弁は大評判であり、どちらかが壇上に立つと聴衆の中から「脱帽、脱帽」と声があがった。「憲政の神様」に敬意を表するためである。尾崎が衆議院の議場で桂のことを「玉座を以て胸壁と為し詔勅を以て弾丸に代へて、政敵を倒さんとするものではないか」と弾劾した演説は、特に有名である。

桂は新党を結成して事態を打開しようとするが、翌一九一三年二月に退陣を余儀なくされた。新党構想は、立憲国民党の改革派と呼ばれる反犬養勢力や、桂系の中央倶楽部などを中心として、年末の立憲同志会の結成につながるのであるが、桂はそれを見届けることなく直前に病死した。

大正政変は、民衆の政治参加が広がり、天皇の権威を利用してもおさえられない場合のあることを明らかにした。桂と周囲の官僚が政党に身を投じたことも含めて、政党の地位が向上したことも確かである。そしてそのような時代であるからこそ、権力と民衆のはざまで政党政治家は一層、嘘をつかなければならなくなる。「憲政の神様」といえども、例外ではなかった。

桂が退陣した後、海軍薩摩派出身の山本権兵衛が政友会を与党として組閣するが、シーメンス事件と呼ばれる海軍の汚職疑惑が持ち上がった。ドイツのシーメンス社の社員が漏洩した内部文書をきっかけとして、同社のみならず英国・ヴィッカース社から日本の海軍及び三井物産・日本製鋼への複数の贈賄のルートが発覚した。つまりは必死の嘘がいくつも露見し、激高した民衆が国会を包囲する事態となった。これを背景に議会で予算が不成立となり、第一次山本内閣は退陣へと追い込まれる。

続いて一九一四年四月、大隈重信が第二次内閣を組閣した。大隈の長年の不遇への同情があり、内閣の人気は上々であった。先に世の指弾を浴びた桂新党＝同志会は、今や与党としてときめいた。尾崎率いる中正会も与党に加わり、尾崎自身は司法大臣として入閣したが、問題の二個師団増設への賛成を表明したため、第一次護憲運動の時との整合性が問われた。尾崎は弁明して次のように述べたと報じられている。

増師案が閣議に於て決定したるは事実にして、予が年来の主張と相反するにも拘らず、本案に賛成したる所以のものに就いては、別に弁明の要なき次第なるが、強ゐて其の理由と称すべきものを云へば、現内閣成立に際し、予が入閣を決したる場合に於いて、大隈伯に対して自己の意の存する所を言明し、他方に於いては、予の従来の主義主張を抛《なげう》ち、大隈伯の為に総《すべ》てを犠牲に供する決心なる旨を宣言せり。故に此の一事に於いて予が増資案に賛成したる理由は自ら判明するに至るべし、依りて多くを云ふの要なきを確信しつつあり。

（鶴城「時事評」『東京経済雑誌』第一七一四号、一九一四年）

要するに全ては大隈のためだということである。

では大隈自身の態度変更には説得性はあったか。大正政変の際、第二次西園寺内閣が倒れたことを受けて、大隈は自ら主宰する雑誌『新日本』に「勢力の中心を議会に移すべし」と題した論説を掲載し、二個師団増設問題の背後には陸軍の長州閥があると述べ、これを葬るべく国民の奮起を促した（第三巻第二号、一九一三年）。

今日此憲法擁護の声の起つた本は西園寺侯の辞職である。陸軍大臣が辞職して、その為に西園寺侯が内閣を維持し能はぬといふ事が根本である。更に根本を言へば陸軍の二個師団増設問題である。陸軍には元から長州人が多数で、今日も尚《な》ほ左様である。それが又元老にも勢力がある。それからして此問題は起つた事と思ふ。けれど陸軍の長州の勢力とか、海軍の薩派の勢力とかいふ事は、今日は最早《もはや》時勢が言ふを許さぬのである。左様なものは最早や自然消滅に帰すべく、新なる勢力の起るべきであるのに、如何せん偶《たまた》ま其勢力中心の移動を誤つて来て居る。否誤つたではない、国民の無力の為にそれに代る事が出来なかつたんである。

さらに同じ号に、前年一九一二年十一月二十八日に行った講演「予が財政意見を宣明す」の速記録も掲載している。そこで大隈は明確に軍拡に反対している。「我輩には海軍拡張が分らぬ」「同時に陸軍の二個師団増設も分らぬ」と畳みかけ、「今日国防が果して我外交上に必要かといふに必要はない。巴爾幹《バルカン》は今頻《しきり》に騒いで居るが、東洋には何事もないんである」と述べている。さらに泥棒の比喩を用いて、泥棒にも見放される貧乏な国が軍拡などしてどうする、と皮肉っている。

海軍の軍艦新造、陸軍の二個師団増設で、裏の戸締り表の戸締りを厳重にしても、日本の現在では泥棒が入つて来て果して何か取るものがあるか、すれば戸締は今日の急務ではなく、戸締喧嘩は今日に必要はない。それよりも先づ家を富ます事が必要である。

ところが自らが政権を取ると、反藩閥・反軍閥感情に駆られて国防問題を誤ってはいけない、と戒めて見せる。

熟《つらつ》ら近来の民情を察するに兎角感情的になつて居る。否《いな》党派的になつて居る。胸中に何等不可動の大方針なくして徒に愛憎の私念に駆られ、やれ長閥が専権だ。憎い奴だ。押し倒せとか、やれ長閥の後に薩閥が現れた、薩閥の跋扈は長閥以上だ。蛮勇を奮う。癪に障るから撲滅せよとか騒ぐ。凡《すべ》てが此様いふ風で只騒ぐ。此論法で、やれ長の陸軍が如何の、やれ薩の海軍が如何のといふ。国防を論ずるにも何等其処に長策大計の存するに非ず。此の如きは内輪同志には兎も角、外国人の手前も恥かしいではないか。

（大隈重信「国防の目的を論ず」『新日本』第四巻第八号、一九一四年）

前後の大隈の議論には、藩閥・軍閥を過大視してはいけない、という国民へのメッセージにおいて、ある程度の一貫性はある。また、第一次世界大戦の勃発という大きな変化があったことも確かである。だが大戦の勃発は少なくとも当面は日本への軍事的脅威を大きく低下させたといえる。これらのことから、大隈が自らの態度変更について説得的に説明したとはいえないであろう。
大隈や尾崎の豹変は、世間と野党の烈しい非難を浴びた。日本政治外交史の基礎を築いた岡義武は、「このような非難は結局、彼らの権力意志が支払うべき当然の代償であったのである」と述べている。[1]

第三五議会において政友会は陸海軍の軍拡費を否決し、これを受けて大隈は衆議院を解散した。大隈人気はなお高く、むしろ選挙を通じて一層高まった。大隈は自ら鉄道で各地へ応援演説に赴き、停車時間をも利用してプラットフォームにつめかけた人々に演説して喝采を博した。与党側はさらに大隈の演説をレコードに録音して頒布した。こうした選挙戦術は当時としては斬新かつ効果的で、与党は大勝利を収めた。

犬養は入閣しなかった。犬養は好き嫌いの感情が鋭く、毒舌家として知られた。長年、自らが党務に精励してきた党を割ってできた同志会への恨みは骨髄に達していた。同時に犬養は聡明であり、大隈組閣の背景には失地回復を狙う長州派の元老や陸軍があることを承知していた。入閣すれば尾崎のような窮地に陥ると知っていたであろう。一九一四年五月、大日本青年協会で演説した犬養は、第二次大隈内閣が成立する経過は無責任な欺瞞に満ちていると批判した（大日本雄弁会編刊『犬養木堂氏大演説集』一九二七年）。

近来政界の言論軽佻浮薄を極め、太《はなは》だしき無責任に流るるが如き傾向あるは、深憂に堪えざることである。
前内閣崩壊してより、現内閣成立に至る迄の政界の有様を観ずるに、此悪風潮が遺憾なく暴露せられて居る。各政治団体は、党派の勝敗にのみ熱狂し、苟《いやしく》も敵党を倒し政権を奪ひ得ることならば、如何なる悪手段をも選ぶに躊躇せず、自ら信ぜざる説を立つることさへ辞せざるの状を呈したのである。

だが大隈の長年の恩顧を裏切ったとして、犬養は内閣を支持する新聞・雑誌から激しい非難を浴びた。犬養が大隈を支えてきたともいえるので、この点は犬養に同情すべきかもしれない。同じ演説で犬養はこう述べている。

又試みに新聞の論調を比較検討して見るがよい。昨は悪魔の如く攻撃した政党に対し、今は救世主の如く崇め、其毀誉褒貶《きよほうへん》の常ならざること実に驚くべきものである。殊に敵党を倒す為めには、其時々に勝手に議論を変へる、議論のみならばまだしも、場合に依つては事実をも虚構し捏造して之を公にし、然して此虚構の事実を基礎として勝手の論断を下すことが往々である。政治家が新聞に向つて意見を公にすると、新聞記者の都合次第にて、或節は之れを削除し、或節は之を増加して顧みない。

メディアこそ横着なことがあるというのは、その通りであろう。

しかしその後の犬養の振る舞いは抜け目がなかった。

第三五議会において犬養は、二個師団増設には反対したが、八四艦隊建設には賛成した。二個師団増設に反対するにおいても、兵役を一年に短縮することを主張し、軍事費を抑えつつも兵数を確保する計画があると称した。二個師団増設反対からの変節を避けつつ、国防の重要性は弁えているとアピールし、内閣・陸軍との全面対決をも避けたのである。それでも選挙では大隈人気の前に苦戦したのではあるが、議場での進退は小憎らしい。徳富蘇峰が『大正政局史論』(民友社、一九一六年)にて犬養を評したことが思い出される(二九九頁)。

吾人は議院政治家として、犬養の技倆を嘆賞せざらんとするも能はず。彼か経世家として、何等の価値あるかは、別問題として、議院政治家としての掛引に到りては、未た善美を尽さざるも、既に巧妙の三昧に入れりと云ふも、溢言にあらず。彼は無責任也、彼も亦変論改説者也。されど如何なる場合にも、彼は其の辻褄を合はすることを解せり。彼の一年兵役論の如き、不徹底極まれども、其の軍備縮小論の局面を転換する方法としては、実に老手と云はざるを得ず。

第二次大隈内閣期は、大隈系政党を復権させるとともに、その分裂や、世間の幻滅をもたらしたといえる。特に犬養・尾崎や大隈といった、民衆に人気のあった雄弁家が味噌をつけたのである。

これに対して政友会は、次の寺内正毅内閣において与党の地位を取り戻した。寺内は陸軍長州派の出身であり、これを支持したことで政友会は批判を受けるが、党勢の回復に成功する。続く原敬内閣・高橋是清内閣で政権を掌握するに至ったが、高橋内閣に際しての内紛から政権を失った。その後、加藤友三郎《ともさぶろう》内閣、第二次山本権兵衛内閣と、非政党内閣が続いた。

一九二四年、貴族院を基盤とする清浦奎吾《けいご》内閣が成立するとメディアは強く反発し、第二次護憲運動が始まった。同志会の後身たる憲政会、そして政友会、さらに犬養が率いていた革新俱楽部が護憲三派を名乗り、選挙で勝利して護憲三派内閣を組織した。以後、政党内閣の慣行が八年続いた。戦前の民主化の頂点といえる。

もっとも、当時の政界における民主化のメルクマールは男子普通選挙であり、清浦内閣はこれを相当真剣に検討していた。これにくらべて男子普通選挙導入への政党の決断は特に早いとはいえず、足並みもそろっていなかった。清浦内閣を「特権内閣」と決めつける第二次護憲運動の言説には、ある程度の横着さがあったといえよう。

選挙の結果、護憲三派の中でも第一党を占めたのが憲政会であった。その選挙を取り仕切ったのが安達謙蔵である。安達は大同俱楽部や同志会、憲政会の選挙に精励し続けており、「憲政の神様」とは言われなかったが、「選挙の神様」とは言われていた。

だがこの選挙に際しての安達の発言は、横着の極致である。党の機関誌『憲政』に発表した論説「総選挙に臨む我党の旗幟《きし》」（第七巻第三号、一九二四年）において安達は、清浦内閣に断固反対であると強調し、さらに護憲三派として提携していた政友会・革新倶楽部の政策とはもともと「大同小異」であったと述べている。

清浦内閣に対する我党の態度は、其の組閣の行動に顧み我党従来の主張に照らし、斯《か》かる内閣に対しては全然反対の意志を表明して、此の貴族専制の弊を打破し、階級闘争の端を啓《ひら》かんとする内閣の倒潰《とうかい》に向て直前遂往《すいおう》することは已に天下に公表した処である、我党が此の態度に出づる事は立党の精神に基く当然の行動にして、敢て坊間《ぼうかん》の批評や眼前の利害得失を顧みるべきではない、時偶々《たまたま》政友会、革新倶楽部の二派亦吾党の声明する所に共鳴し、共に提携して眼前に横はる特権内閣を打破して貴族階級の専恐横暴を矯正し進で政党内閣の基礎を確立することに向て行動するを見るに至つた、固より従来三派は其の主張に於て大同小異、其の政策に於て殆んど相共通せるものあつたが為に、憲政死活の岐路に立つ三派が小異を捨てて大同に就き、相協力して憲政擁護の運動を開始するに至れるは毫《ごう》も怪しむに足らぬ処である。

しかしまず安達は、元老が清浦を首班に推薦した段階で、「大命降下すれば清浦さんは出ると思ひます」と淡泊に述べていたようで、組閣に反対していたとは言いがたい。[2]

さらに安達は従来、多くの同志会・憲政会の政治家と同様、政友会との政策の差異をアピールしてきていた。自らの党は健全財政を志向し、政友会のように腐敗していないということである。先に第二次大隈内閣が寺内内閣にとってかわられたことを述べた。これは安達からすれば政権の喪失であったが、おかげで腐敗せずに済んだと喜んでみせた。政権よりも政策基調の方が大事であると痩せ我慢してみせたのである。

蓋《けだ》し憲政会の前身たる同志会は、過去二年有半の間大隈内閣の与党として有利なる地位にありしが為に、吾人の大に相戒めて地方問題其他について党弊を見るが如き事なからんを期したるに拘らず、近時動《やや》もすれば此弊を見んとするに至るの徴無かりしにあらざりき、之《こ》れ蓋し最も憂ふべき点にして、吾人は彼の政友会の覆轍《ふくてつ》に鑑みて切に此点について戒心措く能はざるものありしが、若し今後更に引続き政権の地位にあらんか、次第に此徴候の歴然たるものあり、為に最も忌むべき党弊を見るに至りしが如き事なきを保《ほ》せざるも、此に野党たるに至りが為に此際大に万事を引締めて動もすれば弛廃せんとする党規を厳粛にするの機会を得たるは、実に憲政会の前途の為に幸福なりと云はざるべからず、之れ所謂彼の禍の転じて福となれるものか。

（「今次の政変と地方民心」『憲政』第一巻第八号、一九一六年）

政党は政権や利権を求めるが、政策基調やそれに基づく有権者の期待も意識する。積極財政路線をとる政友会であれば、政権と利権と政策基調とはしばしば整合的である。政友会やその前身の自由党が腐敗を批判されつつ、率直で快活であるとも評され、第4章で記したように敵方からも「一種愛すべし」と言われたのは、一つにはこの整合性の下に活動したからである。これと対峙する犬養や安達の政党においては、政権・利権と政策基調のディレンマは大きいであろう。

だが非自由党・政友会の系譜を存続させ、ひいては複数政党政治を成り立たせるためには、誰かがこのディレンマを軽減するなり隠蔽するなりしなければならない。その営みには、嘘が含まれるであろう。誰かが背負うべき嘘、鎮魂を要する嘘が政界には存在するのではないか。以下の考察は、そのような問題意識に基づいている。

第5章　複数政党政治を支える嘘

i　進歩政党、統治の焦点へ

支持基盤と政策基調

戦前日本の政党の二大系譜である〔立憲〕自由党↓憲政党↓立憲政友会と立憲改進党↓進歩党↓憲政党↓憲政本党↓立憲国民党↓立憲同志会↓憲政会↓立憲民政党は、一八九八（明治三十一）年の数ヵ月、合同して憲政党と名乗ったことを除けば、終始、分立して一九四〇年の大政翼賛会への合流に至った。

二つの系譜に名前を付けなければ議論しにくい。前者を自由党系と呼ぶことにする。自由党から始まっているし、英語に訳せば政友会よりもイメージをつかみやすい。後者を進歩党系と呼ぶことにする。一八九六年に進歩党になることで大きく党勢を拡大したし、やはり英訳するとイメージが浮かびやすい。二つの系譜についてここで得るイメージは、実際とくらべてそれほど誤ったものではないと考えている。

自由党系と進歩党系を比較した場合、二つの傾向を看取できる。そして、二つの傾向が矛盾した印象を与えることが、政党史の全体像を描きにくくしている。

第一に、今のところ、支持基盤に大きな差は見出せない。両党は自由民権運動を母体とし、民党またはそれに類するシンボルを掲げて藩閥政府に対峙し、二十世紀に入ると既成政党とみなされたのであるから、共通点が多いのは無理もない。

利益誘導が有力な集票手段であった点も同じである。もちろん、ある地域で自由党系が利益誘導と集票を独占してしまえば、反発しておよそ利益誘導を批判する正義派や青年派や革新派と称する運動が起こり、進歩党系と結びつくことはあった。だが地域によっては自由党系と進歩党系の立場が入れ替わることもあり、政権の交代によって立場が入れ替わることもある。全国的に見れば、一方の政党が常に利益誘導をして、他方の政党が常にこれに反対している、といった区別は貫徹しない。

犬養毅が「甲が自由党に投ぜりとせば、甲と相容れざる乙は直ちに改進党に趨《はし》ると云ふが如く、人と人との関係に依つて働き、殆んど感情に依つてのみ或は自由党に或は改進党に入ると云ふ有様であつた」と述べたように、敵対勢力の反対党に与するという敵本主義が、今のところ最も有望な原則に見える。[3] 支持基盤について明確なことを述べるのは、ここではあきらめよう。

第二に、政策基調には明確な相違がある。先の引用にて犬養も「両党の思想、主義には自ら截然《せつぜん》たる相違はあつたのであるが、之れは其党の首脳者のみに限り」と前置きしていた。

自由民権運動の主流が結成したのが自由党であったが、いくつかの契機を経て保守的な傾向を強め、経済政策はより積極的となった。地方利益の充足を行政的な合理性に抗してでも訴える時、反官僚的な色彩を帯び、初期の自由党を思い出させる。

進歩党系は幹部層の中心部分が、人的紐帯の強い官僚出身者ないし官僚である。一八八二（明治十五）年に大隈重信系の官僚を主な幹部層として成立した改進党に始まり、一九一三（大正二）年に犬養を除く五領袖（大石正巳、河野広中、島田三郎、箕浦勝人《かつんど》、武富時敏）が脱党し、桂太郎系官僚が創設した同志会に参画することで拡大を遂げた。

だが政権から排除されていた期間は長く、改進党時代には地租軽減を訴えて藩閥政府と対決し、金本位制が導入されてからは健全財政と抑制的な通貨政策を政策基調とし、自由党系の優位がもたらす弊害を指弾した。男子普通選挙制度の導入を政友会よりも早く主張し、政党内閣制の慣行が成立すると、政友会よりも長く政権を担当するに至った。官僚的でありながら、進歩的な印象を与える。

進歩党系の外交政策には、基調の大きな変化があった。改進党結成時には内治優先を標榜したが、初期議会期の後半には対外硬運動に参入した。第一次世界大戦後に憲政会はワシントン体制の枠組みに基づく協調外交を受容し、受け入れると政友会よりも忠実であった。

ワシントン体制の受容、特に対中不干渉政策については、在華紡《ざいかぼう》など軽工業が憲政会、民政党の幣原《しではら》外交を支持し、満蒙権益との関係が密接な重工業は政友会に期待したというように、支持基盤の相違が指摘されている。

進歩党系の変転する外交政策は、党内統治の観点からは意外に一貫した機能を果たしていたと思われる。個別利益の噴出に対して国家的観点からの自制を党員や地域社会に求め、この自制をもってより実質的な政治参加の要件とみなすイデオロギー——支持基盤の実態はさておき——を読み取ることができる。

さて、以上述べたことはきわめて雑駁な見取り図であって、今後研究を深め、理解を更新する余地は多々ある。しかし、この見取り図を前提にすることで、重要な課題を直視することができる。支持基盤が似通っていて、政策基調が異なることを、どう説明するのか。

党内の統治構造

自由党系の統治構造は立山連峰のようなものである。並び立つ地方団体の束としての色彩が強い。この地縁性を大なり小なり反映した派閥が、活発な競合を繰り広げた。官界や実業界からの人材も移入したのだが、その中の大物はこれら派閥の長として他と対峙したため、凝集性の高い幹部層を構成することはなかった。

そもそも自由党時代には、移入への動きは鈍かった。党外の政府指導者たる陸奥《むつ》宗光や伊東巳代治との連携は活発であったが、誰と連携するかをめぐって党内対立が起こることもあった。政友会創設時には、総裁伊藤博文に連なる官僚・実業家が流入したが、その後、伊藤自身を含め多くが流出した。

例外的に定着した原敬が総裁となり、熱心に移入したが、多様な方面からの一本釣りの傾向が強かった。それは原による統率を容易にしたのであろうが、肝心の原が一九二一年十一月四日に東京駅で刺されて急死したため、彼らの中で有力な者は、床次《とこなみ》竹二郎が典型的なように、お山の大将となる傾向を強めたのである。

派閥抗争は混乱を招くが、組織を活性化する利点もある。親分のため奔走する子分は、選挙では頼もしい手足となる。

これに対し、進歩党系は大隈系や桂系の官僚出身者が同質性の高い政策サロンを形成したため、正論ではあるがストイックな政策基調を党是として採用しえた。入党しないまま進歩党系内閣の外相を歴任した幣原喜重郎のような有力官僚も、このサロンの一員であった。

党組織はこれを支えなければならなかった。格式の高いサロンが党組織の上に君臨する進歩党系の統治構造は、ＵＦＯが降

党内の統治構造の違い

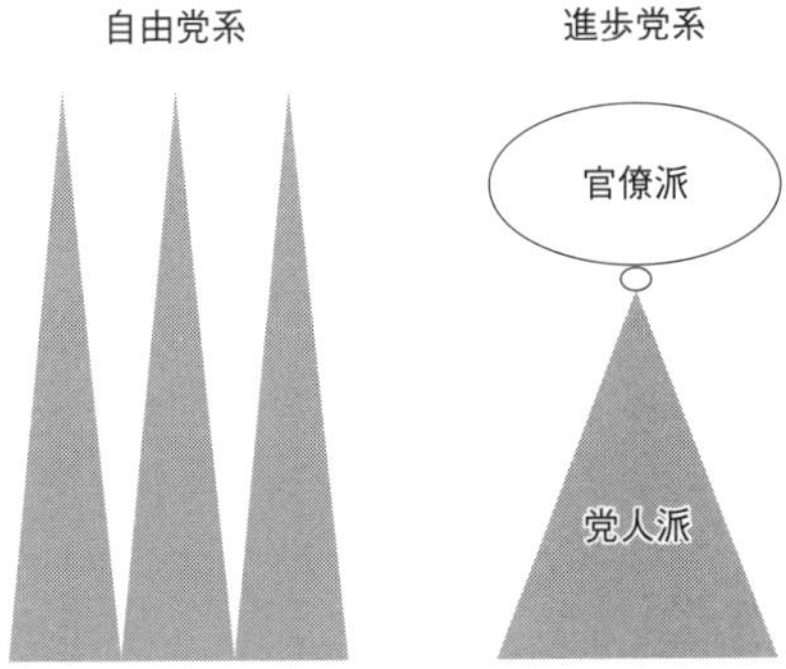

臨する富士山のようなものである。ＵＦＯを支える富士山は、正論が持つ正統性を享受しつつも、内部的な競合がもたらす活力や具体的利益のアピールに乏しく、自由党系に対して数の面で優位に立つことは容易ではなかった。この進歩党系が不遇の時代を生き延び、やがて何らかのチャンスをつかんで自由党系を凌駕《りょうが》する経緯が、戦前政党史の重要なドラマとなるのである。

さて、以上述べたこともきわめて雑駁な見取り図である。だがこの見取り図を前提にすることで、やはり重要な課題に直面することができる。

進歩党系において、政策サロンと党組織とが折り合う要因は何であるのか。

統治の焦点

折り合う要因は複数あり、その中に決定的なものはない。折り合う時も折り合わない時もあり、折り合う時も折り合わせるための人的な努力が必要であった。

政党における人間の分類としては、官僚派と党人派というのがある。政策サロンは官僚派の、党組織は党人派の、主な縄張りといえるだろう。本章は、官僚派と党人派の接点となった個人に関心を集中させる。

どのような個人であるか。党組織の維持・育成に貢献し、信望を得た幹部が、政策サロンに属し、その政策基調に忠実である場合、党組織も政策サロンに追随する可能性が高まる。こうした幹部が、ＵＦＯを富士山に鎮座させる要石として要請されていたのではないか。そのような者がいるならば、進歩党系の統治の焦点であるといえる。自由党系は、民衆の発言力の拡大や地方利益の表出といった趨勢の下で概ね順調に発展するのであろう。なぜもう一つの政党が発展するのかについては、別の説明が必要である。進歩党系を成り立たせる焦点とは、複数政党政治を成り立たせる焦点でもある。政策サロンと党組織の相違を日々どうにか処理するのが業務であり、そこに嘘が混ざるのだとすれば、それは近代日本の政治対立を支える嘘の焦点である。

本章では、このような役割を長期にわたって担った主体として、犬養毅と安達謙蔵を取り上げる。両者の政治家としての軌跡はほぼ重なりつつ四〇年以上に及ぶ。進歩党系の焦点としての役割は、大正政変の頃に犬養から安達に引き継がれる。本章は、犬養と安達という焦点に着目した近代政党史といえるだろう。

二人を追跡できたのは多分に先行研究の恩恵であり、本章の原型となった論文では紹介している。なお本書は、繰り返し野党について論じている。第1章においては、他勢力と合同することで消滅を回避するための戦略について、第4章においては、野党を変質させずに鼓舞するための知識人のレトリックについて、そして本章においては、党内の矛盾を調整することで党の崩壊を回避しようとした指導者について考えている。

＊読売新聞と朝日新聞のデータベースに助けられた。特に朝日新聞のデータベース『聞蔵』の明治大正編が構築された際、私と私の研究仲間は、検索ワードの監修を担当する機会を得たので、私に

は使いやすかった。[4]

だがこのデータベースの本当の功労者は、朝日新聞のOB・OGである。明治大正期の紙面のテキストデータ化は断念されたため、OB・OGが人海戦術で全ての記事を読み、一つ一つの記事に該当する検索ワードを提案しなければならなかったからである。これに費やされた時間にも、鎮魂とは言わないにせよ、ねぎらいが必要である。このデータベースからどのような歴史が書けるかを示す他に、私にはねぎらう術がない。

ii　犬養の原点

生い立ち

犬養毅は一八五五（安政二）年六月四日、現岡山市にて、岡山藩士犬養源左衛門の次子として生まれた。一八七五（明治八）年に上京し、福沢諭吉の慶應義塾に学んだ。一八八〇年より『東海経済新報』を発刊し、保護貿易主義の立場から論陣を張った。特に、自由貿易主義を代表する田口卯吉の『東京経済雑誌』との論争は犬養の名を知らしめた。

一八八一年、福沢と懇意にしていた大隈重信の引き立てで、犬養は統計院権少書記官に任ぜられた。だが同年十月の明治十四年政変で大隈らが下野したのにともない辞職する。そして翌年の立憲改進党の結成に参加し、政党政治家としての道を歩み始めた。[5]

この時の犬養は、幹部の中のごく若手に過ぎない。初期改進党の統治の焦点は、沼間守一《ぬまもりかず》であった。『東京横浜毎日新聞』を創刊した沼間が率いる毎日派の母体は嚶鳴社《おうめい》といい、組織が弱い改進党にあって最も有力な民権結社であった。しかも指導的立場の者の中には、沼間をはじめ複数の任官経験者がいた。大隈とその周辺の官僚出身者からなる政策サロンと、民権結社を中心とする党組織とを媒介する立場に沼間はあったといえよう。

もっとも、まだ衆議院議員選挙が行われない一八八〇年代にあっては、何が組織の維持・拡大といえるのかは、明らかではなかった。自由党にない改進党の身上は、大隈系としての政策能力を活かして、民権運動に糾合されない地方名望家のゆるやかな支持を得ることにあった。それは、明確な組織化には真剣ではないということでもあった。政策能力で勝負する路線を主導したのが、慶應出身で『郵便報知新聞』に拠った矢野文雄（龍渓）や藤田茂吉を中心とする報知派であった。犬養は、尾崎行雄や、やや年長の箕浦勝人や加藤政之助《まさのすけ》らとともに、報知派の若手幹部であった。

毎日派は民権結社として確立しており、自由党と体質が類似していたがゆえに、一方でこうした路線を推進することに躊躇があり、他方で自由党との組織面での角逐では矢面に立たなければならなかった。沼間は国会開設を目前に早逝し、毎日派からその役割を引き継ぐ者は現れなかった。

一八九〇年七月一日の第一回総選挙にて、改進党は三〇〇議席中四六議席しか獲得できなかった。統治の焦点は不在で、組織は弱体であった。

草創期の政党体験

ではなぜ犬養が次の焦点になったか。

当初、犬養は報知派らしく政策について高度かつ穏健な議論を闘わせることを何よりも重視しており、焦点につきまとうディレンマとは無縁に見えた。一八八七年に刊行した『政海之灯台』（集成社）において、犬養はそのような競争が成立する条件を考察している。まず犬養は、「古来官民軋轢騒乱の由て起る所を観るに、大抵末流極端の衝突よりして漸々其余勢を上流に及ぼし、延て社会一般に及ぼす者なれば、其禍の未だ広く及ばざる初めに於て之を防禦すること、極めて肝要なり」と述べる。第3章で論じた循環の観念を共有し、悪循環の抑止に主眼を置くことを宣言したのである。そこで重要なのは、「上流」と「末流」の区分である。「末流」での衝突を制御できれば、争いは「上流」での秩序立った論争に限定できるからである。この文脈で犬養は、伊藤博文による内閣制度の創設（一八八五年十二月）を高く評価する。これによって、内閣より下の行政機構が「機械的無意的動作」をするようになり、政争の圏外に置かれるはずだったからである。そうなれば、政党の指導者は内閣と言論で競えばよい。警察と党員という「末流」での暴力的な衝突は回避されるし、このような衝突が悪循環によって「上流」にまで波及することもない（二〜三頁）。

民間の政党と政論主義を異にし政論上の反対者たる地位に立てる者は、政府の脳髄たる内閣大臣以下少数の人々のみにして、其他は各自に政論を有すべきの理もなければ、亦反対争競を為すべき謂はれもなし。何となれば政府諸部（内閣を除き）の機関は都《す》べて機械的無意的動作を為す者にして、決して有活的有意的の動作を為さしめざること、現今の制度なり。

切歯扼腕《やくわん》する演説ではなく、「面白くも無き算盤珠《そろばんだま》」が統治を担うのであるから、これに従事するのは少数の優れた者である。他はそれを評価できればよい、と犬養は断言する。福地櫻痴の志が、対立する陣営を背負った者たちの意思疎通を擁護する点にあったことは、第2章で述べた。「算盤珠」とは、この者たちをこの者たちの陣営の過剰な掣肘《せいちゅう》から守る護符だったのである。

このように、在野エリートの知的実践を、攘夷論や民権論から具体的な政策知に転換させようとしたのが矢野ら報知派であり、そこに犬養も連なっていた。そしてこの転換が容易ではないと知ったことが、国会開設を目前にした矢野の政治的引退を促したと思われる。

ただし犬養の世代は、報知派の最高幹部ではなく、組織拡大要員として各地で活動しなければならなかった。そのことが、犬養や尾崎に新たな要素を付け加えた。

一八八三年、犬養は『秋田日報』主筆として東北に派遣された。そこは、大隈らへの犬養の報告によれば、下記のような状況であった。[6]

•「東北独立説」に立った大会が山形で開催されたが、「至極雑駁の会合」で、自由党員は自由党のために、九州改進党員は九州改進党のために利用しようとしたため、秋田の有志者もようやく「東北独立」が困難と悟った。今後は善導できよう。

• 山形の有志を鼓舞したところ、ようやく一政党を発起することになった。従来酒田にあった自由党も合流するが、内実は改進党系になるだろう。

• 仙台で東北改進党が結党されたのは、むしろ有志が改進党に入るのを防ぐための県令の策動であった。これに気づいたので近く異分子を放逐するが、人材が少ないので代言人を説いて加入させることにした。

犬養は草創期の地方政党界に親しく触れ、それが未定型で流動的であることを体感した。同時に、そこに働きかける手ごたえも知ったであろう。この体験の反復が、犬養や尾崎の報知派からの離脱の背景にあったと思われる。彼らは『朝野新聞』を独自の機関紙とし、朝野派とでもいうべき分派を作った。そして自由党系の後藤象二郎を中心とした大同団結運動に参画していく。その真意を弁明する大隈への書簡において犬養は、「小生は大同連の中に踏込みて各地方の有志者と関係を付け置き、現在の名簿の列する我党員の外に数多の党員を造り置くの計画に従事仕候《つかまつりそうろう》」と述べ、今日の「無識」な地方有志を籠絡するのには、こうした「子供だましの手段」も有用であると付言した[7]。犬養の民党連合の理想は、地盤簒奪の野心に裏打ちされて、長い生命を保つのである。

こうした隠微な組織化に専心するのであれば、演説によって自らの主張や友敵関係を鮮明にすることは得策ではない。結党前後に演説の稽古をしていた犬養は、すぐにそれを止めてしまったと回想している。[8] 一方、尾崎は理想を犬養と共有しつつ、実践においては政策能力を誇示することを重んじ、華麗な雄弁家に成長した。やがて小会派を渡り歩く尾崎と、焦点の堡塁を預かる犬養との、分岐点だったのかもしれない。

焦点への浮上

犬養の政治的生涯は振幅に富むが、振幅を説明することは可能である。『政海之灯台』の表現を借りれば、「上流」を制することで「末流」を制するという考え方があることは、ここまでに示した通りである。しかし次に、「上流」はたえまなく立論し、したがって態度が移ろいやすいので、啓発された「末流」によってこれを制御するという考え方も生まれる。状況に応じて両者を使い分けるところに、犬養の柔軟性と分かりにくさがあった。

初期議会期の藩閥政府と改進党・自由党との予算闘争は、早くも一八九一年十二月、第二議会での衆議院解散を帰結し、第一次松方正義内閣の下での選挙干渉は全国で死傷者が出る惨事となった。闘争は第二次伊藤博文内閣を標的として、一八九二年末からの第四議会で最高潮に達した。箕浦らが予算査定をめぐる政府との討論を望んだのに対して、犬養は衆議院が上奏し、自ら休会することで対立を先鋭化させる戦術を主張し、院外団の支持を得た。

この戦術は大隈の意に沿うものではなかったが、犬養は次第に大隈側近としての地位を不動のものとしていく。政策の具体的内容は大隈と議員団が決めつつ、民党としての基本路線は尊重して院外団に応える、という棲み分けが改進党の基本方針であった。このように「末流」が「上流」を制御する経路もあり、犬養はその結節点だったのである。

もっとも、犬養は複数の結節点の一つに過ぎなかった。そもそも棲み分けが安定していれば、焦点というほどの存在は不要である。犬養が焦点にまで浮上したのには、二つの要因があった。

第一に、対外硬運動との連携である。

自由党内には改進党との民党連合からの離脱志向があり、第四議会中に出された和協の詔勅（一八九三年二月十日）を契機に伊藤内閣への融和姿勢を鮮明にしていった。これに対し、改進党は藩閥との和解の機会を逸した。民党の理念と政策能力への自負が強いためである。孤立した改進党は、条約改正問題を争点とする新たな連合（対外硬六派）を模索した。この交渉の窓口となったのが犬養である。

犬養が、生涯の側近となる古島一雄と出会ったのは、この頃であった。古島は新聞『日本』の記者をしていたが、民党の有力者を探訪しても風采と弁舌ばかりが立派であることに失望していた。犬養と会うと「いきなり急所をついて」「はっきり言う」ことに驚き、「垢ぬけのしたものだ」と感心したという[9]。

他の対外硬派との窓口は複数あったが、犬養は特に信頼され、対外硬運動を代表する一人にまでなった。犬養は金玉均《キムオッキュン》と親しく、後に康有為や孫文を支援した。南北朝正閏《せいじゅん》問題のように、国体に関わる論点で政府を批判することもあった。

しかし劣らず重要であったのは、古島が証言したような、節制ある言語感覚であった。犬養は「日本民族の忠義心」を誇りとしたが、「之を口にも形にも現はさないと云ふ処に絶大の妙味がある」と付言するのを忘れなかった。[10] 口八丁手八丁の印象を与える改進党幹部の中で、言葉を切り詰める犬養は、国士・壮士を任ずる人々の信頼と、党内の雑多な利害からの一定の自律をかちとった。漢籍の素養がこれを助けた。尾崎とスタイルの異なる名演説家として認められた。

犬養は対外硬論そのものからも一定の自律を保った。日清戦争後のこととなるが、犬養は孫文らの中国革命運動を支援し、彼らが日露戦争後に日本批判を強め、列国の利権を回収しようとした際にもある程度の理解を示した。独立自尊を目指す以上、当然のことであり「自ら教育して共賢くなるを咎むるとは何事ぞ」と歯切れよく述べている。[11] 国士肌のナショナリストは自らへの賛同を求めると同時に、率直さを尊び、迎合を嫌うところがある。犬養には、こうした潔癖な感覚の持ち主からの信頼をかちとる資質があったように思われる。

犬養毅（1855–1932）

犬養を進歩党系の焦点とした第二の要因は、日清戦争後に薩長藩閥と自由党・進歩党（改進党の後身）との間で繰り広げられた多元的な提携工作であった。戦後経営が、政府と政党が協力する必要性と口実を与えたのだが、同時に政権や利権が呼び水となって党内が混乱する危険性も高めた。

まず第二次伊藤内閣は自由党と提携し、一八九六年四月に板垣退助を内務大臣に迎えた。これに先立つ三月には改進党をはじめとする対外硬派による進歩党が結成され、進歩党は自由党に匹敵する一〇〇議席前後の規模を獲得した。その過程で、犬養は大隈と薩派との提携を推進した。犬養が大隈に説明した書簡によれば、対外硬派の中で薩派・松方正義の影響下にある勢力を引き入れ、「操縦」するためであった。旧民党勢力の中には第一次松方内閣による選挙干渉の負の記憶があるので、逆に操縦される危険はないという算段もあった[12]。

九月に第二次松方内閣が成立し、大隈が外相として入閣した（松隈《しょうわい》内閣）。犬養は就官せず、結党後まだ日の浅い進歩党の結束に努めるとともに、政権内で手腕をふるいたがる大隈が拙速な妥協に傾かないよう牽制した[13]。

翌九七年十月末、薩派と進歩党の提携は危機に瀕した。進歩党幹部の中には薩派に縁のある長谷《はせ》場《ば》純孝や楠本正隆らの提携解消慎重論があり、院外団からも党大会で決めるべきという手続き論が出たが、犬養は即時の提携断絶を主唱した[14]。十一月二日には提携断絶を正式に通告し、大隈もやむなく辞職する。犬養の迅速な行動により、進歩党は薩派の浸透から遮断され、大隈を中心とする政党として確立したといえよう。そのかわり、進歩党は野党的な色彩を強めることになった。

十月には金本位制が導入され、大隈は健全財政への志向を強めていた。外債や関税によって一時的に通貨を膨張させても、物価上昇と正貨（金）の流出を招くだけであるとして、歳出の抑制と、それでも歳入が足りない場合の増税とを主張するようになっていたのである。戦後経営による財政の膨張の結果、地租増税の必要性が高まりつつあったが、大隈はこれを容認していたと思われる。

だが進歩党は地租増税を認めず、薩派との提携を断絶し、道連れに大隈も辞職させたのであった。党内には民党の伝統に基づく、減税や増税回避への意欲が強かったといえる。他方で党内には、戦後経営から裨益しようとする意欲も、当然ながらあった。犬養自身、地元の岡山県南では宇野港の築港を推進していた。[15] 増税反対も利益誘導も、健全財政とは緊張関係にあった。このように矛盾をはらんだ進歩党の舵取りに、犬養は重要な役割を果たすようになった。

第二次松方内閣は議会対策の展望を失って退陣した。次いで一八九八年一月に成立した第三次伊藤博文内閣も、進歩党・自由党との提携交渉に失敗し、議会を解散した。両党の間に合同の機運が高まり、ついに六月二十二日、憲政党が結成された。悲願の民党合同であった。伊藤は退陣し、三十日に初の政党内閣である第一次大隈重信内閣（隈板内閣）が成立する。

ここでも犬養は入閣せず、支持者に「率先して党内ヲ纏めざる可《べか》らざる地位に立ち候為め」と説明している。[16] 犬養のような有力者があえて党にとどまっていることは、猟官運動に対する無言の抑止を意味していた。

尾崎は、文部大臣に就任した。だが尾崎が共和演説事件によって辞職に追い込まれると、大隈は後任に犬養を推した。党内の猟官競争は深刻な閣内対立にまで高まっており、戦闘力のある側近を閣僚に加えたかったのであろう。[17] これを契機に自由党系は離反し、内閣は崩壊した。進歩党系は憲政党から排除され、憲政本党と改称しなければならなかった。

第二次山県有朋内閣が成立し、憲政党（自由党系）と提携しつつ地租増税案を議会に提出した。憲政本党は反対闘争を行い、敗北した。さらに一九〇〇年九月には、伊藤博文が憲政党（自由党系）を基礎に立憲政友会を結成した。これらのことにより、憲政本党は統治政党として大きく出遅れることになる。尾崎にいたっては、犬養らと決別し、政友会に投じた。

政策能力を誇っていた進歩党系としては、不本意な展開であった。だが、一八八〇年代に誇示した政策能力が、世紀末にそのまま通用するはずはなかった。二十世紀に入ると、政党政治家の知識の経年劣化を指摘するのは常識となり、社会学者の建部遯吾《たけべとんご》が「識の人とならずして、策の人となるのである」と喝破するありさまであった。[18] 進歩党系はこれにどう対処したか、第iv節で検討する。しかしまず第iii節では、政策能力への強迫観念からより自由であった安達の原点を確認しよう。

iii　安達の原点

生い立ち

安達謙蔵は一八六四（元治元）年十一月二十二日、現熊本市にて、熊本藩士安達二平の長男として生まれた。第二次護憲運動で対決した清浦奎吾は山鹿市で生まれており、実は同じ熊本県の出身である。安達は済々黌《せいせいこう》に学んで佐々友房に認められ、その国権論の影響を受ける。「遣ひ走り」を厭わない安達は、佐々を中心とする熊本国権党の若手幹部となった。[19] 一八八九（明治二十二）年に佐々の指示で熊本における大隈外相の条約改正案への反対運動を推進したのが、安達の政治活動の第一歩であったといわれる。佐々は長州派の有力者、品川弥二郎に対し、「此安達は壮年の者に候へ共小生腹心に御座候」と紹介している。[20]

一八九二年に、外国人の内地雑居に否定的な内地雑居講究会が結成されると、連絡や遊説に当たった。例えば九三年の十月には水戸に赴き、旧士族の有力者から「国家問題の為には区々たる地方の行掛《いきがかり》、旧怨《きゅうえん》なとを洗滌《せんでき》し同感の士は皆同一の運動を為す可し」という反応を得た。幕末の水戸の士気に思いを致した安達は、詩を三篇作ったという。[21]

大陸経綸への関心は強く、一八九四年に渡韓して新聞『朝鮮時報』を釜山で発行し、次いで井上馨公使の支援により『漢城新報』を発行した。「漢城」は安達の雅号ともなった。

一八九五年十月、安達は周囲の壮士とともに、三浦梧楼公使の閔妃《ミンピ》暗殺事件に参画し、退韓処分を受けた。新婚のユキ夫人と下関に戻ったところ、その面前で収監された。同地の留置場で寝ていると、夜半に母親の乳をせがむ乳児の声で目が覚め、人生の感慨に打たれて初めて落涙したという。閔妃暗殺は日韓の歴史認識における負の遺産となった事件であるが、この回想は後年、繰り返し安達が新聞に語り、彼が国士であることの証とされた。それが犬養と同様、嘘の焦点として機能する能力を高めたことを後に確認する。

熊本国権党の選挙体験

犬養が属した民党勢力は、安達が属した非民党勢力のことを「吏党」と呼んで批判した。吏党勢力は、民党勢力に対抗しようとすれば政党の形態をとる必要があり、そうなれば藩閥政府の超然主義と背反し、かつ第3章で鳥尾小弥太を例に述べたように民党勢力と存在性格が似通ってしまうというディレンマを、恒常的にかかえていた。第一次山県内閣が吏党の政党化に警戒的であったのに対し、第一次松方内閣はより明確な与党を持つという方向に進み、第二回総選挙の後に長州派の品川と薩派の西郷従道を中心に国民協会を結成させたが、このディレンマが解消したわけではなかった。しかも続く第二次伊藤内閣に国民協会は冷遇され、党勢は低迷した。

勢力が星雲状態であることは、敵対勢力に浸透するためにはむしろ好都合なことがあった。だが吏党の中で熊本は例外であり、明確な主張と組織を備えた熊本国権党が県政界の主流を占めていた。熊本国権党は、小さな国民協会の巨大な一部であったといえる。

こうした状況は、熊本国権党に、犬養のような隠微な組織化を実践することよりも、それに抵抗することへの関心を強めさせた。第二次松方内閣が進歩党と提携するなか、かつて第一次内閣の与党として発足した国民協会の一部は、帰趨に迷うことがあった。その際にも国権党は、日本には「小党分立」が適しているという信念の下、「独立独行不偏不倚《ふへんふい》」を貫くと宣言している。[22]

安達も同様であった。政争において九州は先進地域であると認識しており、九州人にとっては「茶番」に類するような「籠絡」も、関東や東北では「風声鶴唳《ふうせいかくれい》」にはなると冷笑的であった。[23] そして品川に対しては、「白面の一書生が鎮西館に籠居する間は大概の御人物か仮令《たとい》御下向ありても相手に成るつもりに御座候に付幸に御放慮被為遊度候《あそばせられたく》」と気概を示したのである。[24]

こうした安達の防御的な性格は、何よりも選挙において発揮された。

安達にとって重要な体験となったのは、一八九九年の県会議員選挙であったと思われる。三月に公布された新府県制により連記制から単記制に変わったことが災いして、国権党の議席を減らしてしまったのである。[25]当時、衆議院議員選挙は小選挙区制であったので（熊本県は二人区が二、一人区が四）、自党が得る単記制の得票をいかに候補者間で配分するか、という問題はほぼなかった。まず地方選挙において、安達はこの種の問題に直面したといえよう。

一九〇二年八月の第七回総選挙において安達は衆議院議員に初当選した。それは運命的であった。第七回は初めての大選挙区制の選挙であったからである。それがどういう意味で運命的であったか。

熊本国権党は当然、同一選挙区から多数の当選者を出す。候補乱立や特定の候補者の大量得票は落選の出来《しゅったい》危険を増すのであって、得票を高く揃える調整が肝要であった。

熊本県郡部区（定数八）の投票結果は一位当選者から順に、二四二一票（熊本国権党）、二三六七票（佐々友房、国権党）、二二四七票（安達謙蔵、国権党）、二二〇二票（国権党）、二一一四票（政友会）、二〇三〇票（国権党）、一九一四票（政友会）、一九〇五票（政友会）、一八四八票（政友会、次点落選）であった。

その後の選挙でも、国権党候補の得票が揃っているという傾向は続く。同時に、政友会候補の得票が揃っているという傾向にも気づかされる。熊本は政争が激甚な県として知られていた。政友会側でも「選挙の神様」と呼ばれた江藤哲蔵がおり、その薫陶を受けた松野鶴平も後に同じ異名をとった。

第七回総選挙において、同様の得票分布は富山・鳥取・愛媛・大分県の郡部区や大阪市などに見出せるが、一般的ではなかった。例えば長野県郡部区（定数九）は一位当選者は四三〇二票、最下位当選者は一五一〇票であり、次点以下数名の候補者がいた。福島県郡部区（定数八）は一位当選者は二六八七票、最下位当選者は一六七六票であり、次点以下、泡沫候補とはいえない得票の候補者が一〇名以上いた。

熊本並みの調整が全国的に行われれば、それは選挙を変えたのである。

一九一〇年代以降、安達が進歩党系の選挙指導に従事するとこれは現実となった。後述するように、第一七回総選挙（一九三〇年二月二十日）で民政党は二七三議席を得る大勝利を収めたのだが、内務大臣の安達は「特に喜ばしく感じたこと」として、「党の先輩が後輩の比較的弱い候補者を助けそのために自分の当選順位をさげ又は落選の憂目を見るに至つたこと」を挙げている。[26]

先輩が犠牲になるのであれば、後輩も犠牲になる。やはり後述するように、第一二回総選挙（一九一五年三月二十五日）において安達は第二次大隈重信内閣・同志会の選挙戦の中心となり、この時に「選挙の神様」というあだ名を得るのであるが、実は安達本人は落選していた。同じ選挙区で当選していた平山岩彦が辞退することで安達は議席を確保しており、選挙民を欺く行為であるという批判を受けている。[27]

安達によれば、「候補者の数と当選者の数との比例で、其地方に於ける各派の勢力と作戦計画の巧拙とを略《ほぼ》推知することが出来る」のであり、「地盤基礎の強弱」は候補者の公認調整ができるかどうかにかかっているのである。そして、政友会が「一時の利益」でできた脆弱な集団であるとすれば、その「作戦計画」や「地盤基礎」は手ごわくないことを意味した。[28] 非自由党系として、安達の政党は逆風の中での選挙戦が多かったのだが、その選挙指導は精緻であり、また不屈であった。

焦点への浮上

話が先走った。世紀転換期に戻り、吏党であった安達が進歩党系に投じた経緯を確認しておこう。国民協会は品川の引退に伴い、一八九九年七月に帝国党となったが、議席数は二〇に満たなかった。その後、小会派との合流を繰り返すが党勢は振るわなかった。帝国党は一九〇五年末に大同倶楽部となり、一九〇九年三月には中央倶楽部となった。いずれも、総選挙の後は三〇議席前後に転落した。

この間、安達は党の運営や他党との交渉に精励した。平時、本部で幹部が碁や将棋で時間をつぶしている中、安達だけは廊下の籐作りの寝台に横たわって新聞を漁っていた。「容易ならぬ眼を光らして一種の笑顔を作る」ところは、いかにも参謀長の格であったという。記者を相手に気焔を吐き、弁明する議論の人でもあった。[29]

だが安達の境遇は、議論の人であるには好適ではなかった。日露戦争後には、政友会の西園寺公望が陸軍長州派を基盤とした桂太郎と交互に政権を担当する桂園体制が成立していた。安達らは、桂や大浦兼武の指導を受けて政党活動に従事していたのであるが、桂の政治判断の中心的な要素は政友会との折衝であり、安達の政党はいわば桂から十全に与党扱いされない桂系政党として翻弄された。桂が二度目の首相から退いた際には、桂から説明を受けたかと問われてそんな「野暮」はしないと答えるしかなく、桂が内大臣になれば「暫く忍んで気永に気運の到来に俟つ許りである」と述べ、党内の慰撫に苦心した[30]。

こうした境遇では、主義主張による進退を貫徹するのは困難である。「政党は一の勢なり」「是れ僕の政党の根本観」というのが安達の達観であった。安達は佐々よりも、他勢力との合同に積極的であった[31]。このような政見の柔軟性と、先に述べた防御的な性格が結合した時、政策サロンの政策を尊重しつつ党組織を支え、支えることがもたらす権力を目指す姿勢が生まれる。

一九一三年二月に桂太郎が立憲同志会結成を宣言すると、安達は中央倶楽部を率いてこれに参画し、大浦を常務委員や総務に戴き、自らは幹事として「黙々として党務に専掌」した[32]。

一九一四年四月に第二次大隈重信内閣が成立すると、同志会は初めての総選挙を与党として戦い、既に述べたように安達が選挙長の役割を果たした。一五年三月二十五日に実施された第一二回総選挙において、同志会は一五三議席を獲得し（他の与党の中正会は三三、大隈伯後援会は一二議席）、政友会一〇八議席、国民党二七議席に対して大きな勝利を収めた。既に述べたようにこの時に「選挙の神様」の称号を得たのだが、神様がどうありがたいかを、『東京朝日新聞』はこう解説している（「東人西人」一九一九年六月二十五日）。

何しろ選挙となれば夫《そ》れが補欠選挙であつても卓上電話の三つも傍に置き夜も碌《ろく》に睡れぬ程の忙しさ、それで内閣を取つた場合は党に必要欠く可《べか》らざる人として大臣の選には漏れると云ふ頗《すこぶ》る割の悪い役目であるから容易に引受手がなささうだ

だが官僚出身の人材が幹部層を占める党において、この「引受手」に自らの前途があると安達は知っていたであろう。「党務の奔走の外は眼に富貴なく、欲望なく、野心なし」と断言する時、それは真意であったと思われる。[33]

iv　焦点の犬養

政務調査

安達が「選挙の神様」への道を歩んでいた二十世紀初頭、犬養は「憲政の神様」への道を歩んだ。だがその道程は、安達以上に屈折に満ちていた。地租増税反対闘争に敗北した後、憲政本党は統治政党としての信用を回復しようと努めていた。一九〇〇年四月には、議会閉会中にも政策立案のた

めの調査（政務調査）を充実させるべく、在京党員一五〇名に調査を嘱託した。[34]多数の脱党者を出し、三四倶楽部と称する会派の分立を招きつつも、義和団事変への派兵（六月十五日閣議決定）に伴う増税も認めた。

犬養は、より即効性のある戦術を提示した。政友会は十月に第四次伊藤博文内閣を発足させたが、貴族院との衝突に苦しめられていた。犬養は近衛篤磨《あつまろ》らを念頭に貴族院への接近を図り、四年の任期満了による衆議院議員総選挙（前回は一八九八年八月）の前に政権を取る意欲を示した。

政権を取った際に重要なのは貴族院の向背《こうはい》であり、政友会と異なり貴族院との関係が好転しつつある憲政本党は、政権を維持できるし、ひとたびこれで順境に立てば、衆議院で多数を糾合するのは容易であり、選挙も有利に戦える、と党員（井上要）宛の書簡（一九〇一年〕五月二十四日）で説明している。犬養の発想がよくうかがえるので、長文を厭わず引用する（鷲尾義直編『犬養木堂書簡集』人文閣、一九四〇年）。

大勢上より見レハ何人も同見にて、ツマリ明年の総選挙前において中央の政柄を握ルもの勝利ヲ得べく利を失ふ者失敗に帰スベく、只此一点ガ争点ニ可有之候。政敵ハ他には無之政友会との一盛一衰にして到底此両党が力を角スルコトニ候ヘバ、其余の勢力（如何ナル形の勢力にても）ハ時にハ之を引て利用し時にハ之を退けて用ひさる事も可有之、アマリ重視スル程のものニハ無之、只一の勢力として重視すべきものハ何人が内閣を造ルニモ貴族院の勢力を度外ニ置クコトノ出来さる一点に御座候。然るに今日の実勢にてハ同院の過半は政友会に反対にて我党にハ漸次親和スルコトに相成居候ニ付、一たび形勢の変スルニ及べは彼れ政友会ノ如ク貴族院にて敗を取ルノ憂ハ無之、ソレ故吾党此ノ一両年間の成績を略言スレバ、下院におゐて人数ヲ減シタルモ従来未曽テ縁故ヲ有セサリし上院におゐて多数ノ同情者（慥《たしか》ナル味方も頗ル多し）ヲ得タルが故に差引損スル所ハ無之、況《いわん》ヤ下院に失ひしものハ一朝形勢の変ニ及ヘバ即日に挽回スルコトハ容易に有之（三四倶楽部ヲ指スニ非ズ一朝順境ニ至レハ即日他党より帰化ノモノアルコトハ小生の手元にては歴々其人名ヲ指スコトモ出来ル也）

「上流」によって——ここでは政権や貴族院との関係によって——「末流」を制するという発想が明確である。ただ、大隈のようにそれを独断で行うのではなく、党組織を鼓舞するために構想として掲げている。むしろ鼓舞することの方が主目的ともいえる。第4章において、三宅雪嶺のような知識人が野党に希望を持たせつつも、それが実現するまでには時間がかかることも覚悟させようとしていたことを紹介したが、犬養のように実際に党を指導する者にとっては、遠からず良いことが実現しそうであるという期待を持たせなければ、持たない局面があったのであろう。個々の構想は不発や失敗に終わることがほとんどであり、その意味では嘘に終わる蓋然性の高い内容を犬養は述べざるを得なかったのであるが、それでも犬養は何らかの構想を次々と掲げていくのである。内紛により伊藤内閣は崩壊し、一九〇一年六月に第一次桂太郎内閣が成立した。貴族院への浸透は難しくなり、憲政本党は政権を追われた政友会との連合による倒閣運動を試みた。だが伊藤の方針が一貫しなかったことなどから成功しないまま、一九〇四年二月に日露戦争に突入する。

この間、政務調査の強化は複雑な意味を持った。政党の統治能力をアピールする一方で、非政党内閣でも政策によっては支持することを正当化する含意を持ちえたからである。

犬養と大石正巳は、後に党の基本路線をめぐって相克する。だが元来は盟友であり、野党の政策形成が持つディレンマに共に取り組んでいたと思われる。この取り組みの中から、道を異にしたのかもしれない。

一九〇一年十月三十日、憲政本党の政務調査会は内閣に敵対的な綱領案を詳細に定めた。十二月四日の代議士・評議員連合会では、大石が「近来政客の集会に割合に議論少く何事も表面円滑を貴ぶの風ありて頗る面白からず、事に当て紛擾の起るも畢竟《ひっきょう》平生討論研究の足らざる結果なれば、諸君は腹蔵なく意見を吐露せられたし。之が為め夜に入るも敢て辞する所に非ず」と述べたため、百家争鳴となった。大石は七時間近く議論を続け、「熱心と雄弁」で人々を驚かせた。議論の中で大石は、政府には敵対するが、国家の活動上必要な議案はなるべく助けなければならないと指摘した[35]。

だが桂は行財政整理に尽力しており、政友会と比べれば、金本位制導入後の大隈らの政策基調と親和的であった。大石は年末に、内閣の急所と思われた外債募集と事業費を対象に限定した臨時政務調査部を設立させたが、外債募集が成就せず、桂が歳出削減に傾注する状況となったため、政策の差異化は困難であった[36]。

翌年になると大石は、「其〔政党の〕勢力の振るはざるは蓋し元気の消沈よりも寧ろ智識の欠乏に在りと信ず」と述べ、調査範囲が広くなりすぎるという加藤政之助らの危惧を押し切って、国防・外交・財政・行政・教育・商工業・交通機関という包括的な部門分けに基づく政務調査機構の整備に乗り出した[37]。

大石の足跡からは、政務調査の範囲を拡大すると桂内閣への賛否が混合せざるをえず、したがって民党の理念に不誠実な要素を排除できず、さりとて急所を突く争点を絞り込むのも容易でなかったことがうかがえる。日露戦争後、桂が行財政整理への努力を強めると、なおさらであった。

「根本方針」

日露講和成立後の一九〇六年一月七日に、桂の奏薦《そうせん》により政友会を与党とする第一次西園寺公望内閣が成立する。桂と西園寺が交互に政権を担当する桂園体制の下で、憲政本党は政権から疎外された。こうしたなか、戦時に期限付きで導入した増税の延長の是非が争点化する。

犬養は、それまでの政務調査方針を破壊する行動に出た。七月七日、犬養は大隈から政務調査会長に指名された。十月二十五日の政務調査会は、加藤政之助が税制及びそれに関連する事項についての詳細な調査方針を提案したにもかかわらず、事業の内容を無視して税制改正そのものだけを調査する方針を採択した。左記の報道を見るに、一〇年近い党勢低迷の反動も手伝って、一種の興奮状態にあったように思われる（「進歩党の大奮発」『東京朝日新聞』一九〇六年十月二十七日）。

若し此の如く大方針を立てて着々実行するに至らば、予め党の分裂を期せざる可からず。其点は大いに顧慮を要するが如きも、本来政党に離合集散あるは当然の事にして、且つ彼の徒に些々《ささ》たる感情若くは利害の為めに進退するものに比すれば大体の主義方針に依つて分合するは如何にも公々明々たるものあり。斯くてこそ始めて真の政党たるを得べく、之を従来の如く何等の為す所なくして経過するものに比すれば到底同日の談に非ずとの点より、満場一致大に此方針を以て進行する事となれる。

減税論による野党路線の確立と、恐らく政友会を巻き込んだ「離合集散」の布石であろう。政友会内にも戦時増税の延長に反対する声があったので、戦術的な意義はあった。だがなりふりかまわぬ減税要求は、政策的な合理性や整合性に対して欺瞞的な要素を含んでいたであろう。

しかもこうなると、桂らに接近したい勢力も、政友会内閣に接近したい勢力も、大石に協力してきた幹部も、幹部に対する党内の不満も、全て犬養に敵対することになる。改革派と称する勢力が党の門戸開放と役員公選を標榜して運動し、政友会への接近を図る鳩山和夫がこれを後押しした。犬養は、大石、箕浦勝人、武富時敏らの領袖からも疎隔した。

十二月二十四日の代議士会において、院内総理が二人から一人に減らされ、大石が選ばれ犬養は外れた。翌一九〇七年一月二十日の党大会では、軍備拡張を財政的に可能な範囲に限定するという、大隈が提案した条項が宣言書から削除された。大隈は電撃的に総理を辞任した。

この間、犬養は公の場では争おうとせず、鳩山に協力的にすら見えた。二月九日の代議士会で犬養は「申合覚書《もうしあわせ》」を提案し、改革派の拍手の下に採択させた。国防の充実とともに国力の発展が大事であるとして、積極的なインフラ整備や貿易振興、満洲の鉄道・鉱山経営などを訴えたものである。[38]議会でも鳩山が、内閣提出の予算に対してさらに積極的な戦後経営を求め、党の「旗幟変更」を印象づけた。

「申合覚書」は、路線闘争における犬養の才能を示唆するものでもある。

第一に、むら気な大石にかわって「一人党事に鞅掌《おうしょう》し」ていながら地位を追われ、隠忍している犬養への党内外の同情が高まった。[39]

第二に、軍備充実を認めたので、桂との対立点が一時的に減った。原敬内相が郡制廃止案を提出すると、桂系の大同倶楽部と共闘して反対することを大石が主唱し、鳩山周辺の反発にもかかわらず実現した。[40]

第三に、「申合覚書」には、時間の経過とともに政友会との政策距離が大きくなる仕掛けがあった。「申合覚書」の積極主義には、軍事偏重は認めないという含意があった。財政が逼迫し、しかも軍事費の削減には十分踏み込めない内閣は、一般の事業費を削減せざるをえなかった。鳩山ですら、政府の財政を批判せざるをえなくなっていた。一九〇八年一月十九日、鳩山は孤立して憲政本党を脱党し、政友会に入党したのである。

だが鳩山が退場した後は、改革派の中心は大石となる。犬養は桂への接近を図る大石らと直接対決することとなった。桂園体制は、桂と政友会の予算をめぐる交渉と妥協を軸に機能していた。加藤政之助らは、詳細な財政調査によって政権からの疎外を克服しようとしたのだが、犬養はこれに対して侮蔑的であった。

六月十三日の代議士会では、加藤の調査方針に対し犬養が「一種の否定的先決問題」を提出した。満洲の門戸開放→日露間の軍拡競争の抑止→財政好転、という一義的・排他的な因果を提示し、「之れが解決を見ずして政務の調査を為すも効なかるべし」と断言したのである。[41]

七月に第二次桂内閣が成立した。犬養は即時減税を求め、「財源の調査などは余計なことで、之は行政官のすべき仕事だ、何を苦んで我々が俗吏の真似をする必要あらんやだ」と公言した。[42]

一九〇九年二月二十七日、ついに大石らは常議員会で犬養を除名した。だが直後の代議士会で、犬養除名が不当であることが決議された。犬養は在京幹部・議員の中では孤立していたが、地方選出の議員、特に新人議員にはシンパが多かったのである。[43] 四月十一日から日糖疑獄事件（大日本精糖株式会社幹部が税制上の優遇の延長を求めて衆議院議員に金品を贈った汚職事件）の検挙が始まると、政友会のみならず憲政本党改革派議員からも逮捕者が出た。補欠選挙が行われ、当選した新人議員も概ね犬養を支持した。

改革派は屈服し、犬養除名を撤回して和解を求めた。犬養は「無条件ヲ以てノメリ込にて腹中ニ入テ実ヲ為サン」とする策動を警戒したが、乞われれば和解するしかなかった。[44]常設の政務調査機関も認めることになった。[45]政務調査を常設化すれば、在京者の役割が大きくなるはずであった。

一九一〇年三月十三日、憲政本党は他の小会派と合同し、九二議席を擁する立憲国民党を結成した。桂系の安達ら中央倶楽部を排除した非改革派的な小合同だったが、犬養と不仲な島田三郎、河野広中や、桂に近い片岡直温《なおはる》などが参入し、幹部レベルでの犬養の孤立は解消されなかった。

こうした状況で、大正政変は起こった。一九一一年八月三十日に成立した第二次西園寺内閣は二個師団増設に反対して翌一二年十二月五日に退陣し、第三次桂内閣が成立した。陸軍閥の横暴・陰謀という状況規定が輿論を制し、憲政擁護運動が高揚する。犬養が尾崎とともに運動の先頭に立ち、「憲政の神様」と称えられたことは第Ⅲ部の冒頭に述べた。政友会も憲政擁護運動に加わった。

この時の犬養の主張の特徴の第一は、政策問題への無関心であった。辣腕の桂が行財政整理を進め、あるいは尾崎らが望む文官任用令の改正すら実現するかもしれないと認めた。その上で、こうした問題と関係なく閥族打破に専念せよと訴えた。二個師団増設は軍事上、一理あるとすら認めつつ、国防と財政の「根本方針」が定まっていないことを理由に反対し、陸軍と海軍、軍事と産業のバランスを総合的に判断する態勢を構築すべきであるとした。[46]

第二の特徴は、桂内閣の打倒よりも政党の再編に主目的があったことである。犬養は、当面の戦いは「勝算歴々」であるとしつつ、それだけでは「国の大方針」を決める「筋立てる意義ある政治」は成立しないとして、定見なき「野心家の合宿所」たる政党を破壊しなければならないと訴えた。[47] 政友会の再編が念頭にあったのは間違いない。犬養は決起に先立って、「朋友」とも離れ、「仇敵」とも合体する決意をもらしていた。[48]

犬養は政策通でありながら、その政策を思い切って政治戦術の手段とすることがあった。もともと進歩党系の政策サロンにおいては民党的な増税反対・減税、金本位制に適応した健全財政、戦後経営への協力・便乗、そして対外硬運動といった複数の政策路線が去来、交錯していた上に、政策サロン自体が劣化の趨勢に直面していたのであるから、犬養の豹変を一概に嘘と呼ぶのは酷かもしれない。いずれにせよ、このような犬養だから政策サロンと党組織を総合した政治戦術を構想しえたが、政策サロンで孤立するリスクと隣り合わせであった。一九一三年一月二十一日、大石ら五領袖が国民党を脱党し、後に桂の新党（同志会）に参加したことは、象徴的である。

以後、犬養の政党は、犬養の政策面での才覚と党組織への献身に多くを負い、しかも犬養の政治戦術に政策も組織も従属する。これによって少数党ながら団結と機略を誇りえたが、同時にそれは、性質においても規模においても犬養の個人営業から卒業することを困難にしたのである。犬養は、進歩党系の焦点であることを止め、小さな野党の強い頂点となったのである。以後、進歩党系の焦点の役割は、同志会の安達が果たしていくことになろう。

漂流

以後の犬養の行動は、「上流」と「末流」の間の振幅をますます大きくしていく。

一方では、閥族打破の主張を先鋭化させた。犬養によれば、閥族は藩閥だけではなく政党にも財界にも存在しており、青年を育成することで、これを打破しなければならなかった[49]。既成政党の中で、犬養はいち早く男子普通選挙制度の導入を提唱する。

そして、民権運動の本流たる自由党系の政友会の内部に、閥族打破に呼応する勢力があると期待し続けたのであった。尾崎はこう述べている。「私の確信する処に依れば、最後まで政友会と運命を倶《とも》に与にするものは、かの旧自由党系の人々を中心にして、百二三十名乃至百五十名はあるに相違ない。これ丈けの党員は如何なる誘惑にも打勝つべきを疑はぬ。私が伊藤公の招きに応じて政友会の創立委員になつたのも、（中略）犬養君が理想として政国合同を唱へたのも、此百二三十名の健全分子を信頼し、之等の人々と理想に近い政党を組織して、ここに私共の希望する政党政治を為し、政党内閣をも組織すべき考へであつた[50]」。犬養や尾崎の願望を正しく説明しているといえよう。

他方で、予算問題で政府に肉薄するだけでは、行財政整理志向の強い非政友会系の内閣に取り込まれてしまうことも経験済みであった。それを知る犬養は、大陸政策であれ兵役年限短縮論であれ地租委譲であれ産業立国であれ、狭義の予算査定からはずれた角度から立論し、枝葉を切り落とした語り口で、財政上の状況認識と処方箋を規定してしまう。それらは当局者が直ちに実施に移せるという意味での実用性はないことが多かったが、国益を念頭に置きつつ政府を批判しようとする者に、一家言を与えたのである。

このような総合的な根本方針を採用し、遂行するためには、統帥権の自立や各省割拠にとらわれない、国防会議が必要であると犬養は主張した。山県閥を背景とする寺内正毅の内閣が臨時外交調査会を設置した時、犬養がこれに参加したのは、こうした年来の主張に基づいてのことであった。そして「上流」が「末流」を好ましく規定するという、自らの原体験にもかなっていた。だが、「憲政の神様」への輿論の失望は免れなかった。

態度の振幅が大きいからには、犬養の政党は、彼に心服する少数精鋭でなければならなかった。犬養は政友会を併吞する好機が訪れるまで、あえて自らの政党を大きくしようとはせず、自らの心身を酷使した遊説と揮毫（達筆のため、支持者や好事家に懇望された）によってこれを支え続けた。同志への書簡で「総司令官と師団長を兼ぬるのみならず砲兵兵站部監書記遊説員を一人にて兼帯する有様にて万事手が届かす困居候」と述べているのは象徴的である。[51]

政友会への合流と五・一五事件

結局、好機は到来しなかった。憲政会、政友会、革新倶楽部（国民党の後身）からなる護憲三派内閣の下で、男子普通選挙法が成立すると、一九二五年五月、犬養は革新倶楽部を政友会と合同させ、自らは政界からの引退を表明した（ただし、支持者の意向で衆議院議員としては当選し続けた）。この時、犬養から逓信大臣の地位を引き継いだのも安達であった。

旧革新倶楽部の植原悦二郎や星島二郎は政友会の政務調査部門で一定の活躍を見せた。地租委譲や産業立国といった主張は、政友会の看板政策として取り入れられた。陸軍出身で政友会総裁となった田中義一に対して、犬養はよき助言者として振る舞った[52]。田中が失意のうちに病没すると、偶然の連鎖の末、犬養は一九二九年十月に政友会総裁に迎えられた。総裁としての犬養は政務調査の充実に努めた[53]。紆余曲折はあっても、改進党結党時の初心を忘れなかったのである。

だが犬養の党内基盤は弱体であり、今や大きな自由党系の小さな頂点というべきであった。浜口雄幸《おさち》民政党内閣が調印を決めたロンドン海軍軍縮条約が政治問題化した際、犬養は躊躇を示しつつも党の大勢に従ってこれを攻撃した。一九三一年九月に満洲事変が勃発し、次節で説明する安達の協力内閣運動をきっかけに若槻礼次郎率いる民政党内閣が崩壊すると、犬養は十二月に組閣した。満七十六歳であった。

犬養内閣には一定の功績がある。高橋是清蔵相の下で日本は恐慌を脱し、景気回復を実現した。犬養の了承なく満洲国が建国されたが、犬養自身は中国国民党への人脈を活かして交渉を試み、陸軍を抑制するための大胆な人事介入も企図した形跡がある。

さらに犬養は政府機関の統一的作用と、産業五ヵ年計画への抱負を語った。これは党や政府の大勢ではなく、持論として語ったのであろう。犬養の従来からの主張であり、一九二〇年代までのその不遇を救いはしなかったものの、行政国家化が進む一九三〇年代をむしろ先取りした発想が含まれていた。

陸軍の大勢は犬養内閣と当面、共存するつもりであり、孤立した海軍の青年将校が一九三二年五月十五日、首相官邸を襲撃した。逃げるよう懇願されても犬養は「話せば分る」と言って応じず、突入した将校が引き金を引いても弾が出なかったという。結局、撃たれた後も六時間存命し、会話した上に煙草を吸おうとすらした。助かるかもしれないと周囲が錯覚したほど気丈であった。[54] 犬養は政友会に投じてからもなお、進歩党系の焦点であった時代の険しいながら悠久のような時間感覚に生き、そして死んだのかもしれない。

V 焦点の安達

政論の抑制と正論への帰依

安達には犬養のような一家言はなかった。同志会、憲政会の政策基調である健全財政に忠実であろうとした。大規模な東北振興要求に対して、「露骨に実行の不能を告げ」る。もっとも、県ごとに振興策を講ずる余地を残すことで党内の不満を軽減しようともした。[55]

その意味で安達は、「なし崩し」に知恵を認める政治家であった。後年、浜口雄幸民政党内閣の内務大臣として人員整理を推進した際、「生きた人間のことであるから無理のないやうになし崩し的に実現したい方針である」と述べている。[56]

理念を提示することよりも、理念の下で実利を得たり、不満を軽減したりすることに関心があったのであろう。他者がそうすることにも敏感になったかもしれない。アメリカが理念外交の裏面で自己利益を追求することへの警戒は強く、ワシントン会議の招集は日本を戦わずして屈服させる企みであると解説している。[57] さりとて、憲政会がワシントン体制を受容する際に、抵抗した形跡は乏しいのである。

閔妃暗殺事件の回想は折に触れ紙面に現れたが、それは強硬な外交政策を示唆するためではなく、そのような主張がなくても国士であることを示唆するためであり、獄中生活に耐えた者として、地方の支持者に勤倹を求めるためであった。内相に昇り詰めた時期の安達の訪問記が、『東京朝日新聞』に掲載されている（「内相勤めには……智恵嚢よりも胃袋」一九三〇年十二月十二日）。安達は三十一歳の記者にこのような説教を試みる。

あんまりカフエーばかり行つちやいかんぞ、人間は欲が多いといかん、欲といふのは飲み食ひばかりではない、年が若いと、つつしむべきことが多いな

記者が「あなたも私位の時はカフエーへ行かれましたか」と尋ねると得意の朝鮮談義が始まる。

その頃はそんなものはなかつた、朝鮮で大いに活躍してゐた……さうさう、馬関で捕はれて新婚間もない妻と別れたが、あの時はまるで小説だつたなあ……

しばし感慨にふけった後、「……時世が違ふけど、今も昔も若い者には変りはないさ、一つ君に

言葉をかいてやらう」と述べて「寡欲知身健。安貧覚累軽。漢城」と揮毫した。そして節倹の勧めとなる。

寡欲、身の健やかなるを知り、貧に安んじて累《わずら》ひの軽さを覚ゆ——だ……万事これだ、わしのところへ地方から困る困るといつてくる者があるといつでもこの句をひいていひ聞かせてゐる、（中略）聞いている時は多少不服らしいが、国へ帰つて、わしの言葉を受売して、よくやつてゐるところを見ると、わしのこの言葉も役に立つてるんだらう、君もカフェーへ行つてもいいが、わしの言葉を時々思ひだすことだな

記者がどれほど感銘を受けたかは不明である。「それにしても内相は若い者といへばカフヱー通ひと決めてゐるらしい」と記事を締めくくっている。

安達の得意とした論点は、やはり選挙制度であろう。

第二次大隈重信内閣が退陣する際、同志会は他の与党勢力とともに憲政会を結成したが（一九一六年十月）、寺内正毅内閣の下では野党として政権から排除され、第一三回総選挙では与党の政友会に議席を逆転された。

一九一八年に成立した原敬率いる政友会内閣は小選挙区制（一部に二人区、三人区を含む）を導入した。安達は一九一九年二月から半年間、欧米を視察した成果として、直ちに男子普通選挙制を導

入することを訴えた[58]。だが議会は解散され、第一四回総選挙（一九二〇年五月）では惨敗した（政友会二七八議席、憲政会一一〇議席）。

一九二四年、貴族院研究会に基盤を持つ清浦奎吾内閣が成立すると、憲政会は政友会、革新倶楽部とともに第二次護憲運動に突入し、政友会から分裂した与党政友本党と対峙した。五月の第一五回総選挙で第一党になり（憲政会一五一議席、政友会一〇五議席、革新倶楽部三〇議席、政友本党一〇九議席）、六月に加藤高明総裁が護憲三派内閣を組織した。

男子普通選挙制度の導入とあわせて、選挙区制の改正が論点となった。安達は比例代表制が将来的な理想であるとしながら、中選挙区制を主張した。小選挙区制や比例代表制と異なり、中選挙区制では立候補や地盤の調整の巧拙が結果を大きく左右することを意識していたのではないだろうか[59]。

小選挙区制を退けることで、少数派が代表されることについても積極的たりえた。安達は小党分立が世界の趨勢であると述べ、国民の多様な意思が代表されることが、国民が過激思想を「消化」する「安全弁」となり、皇室中心主義の護持に資すると期待した[60]。本領ある小党を貴ぶのは熊本国権党以来で、それがかつては山県閥の三党鼎立《ていりつ》構想を支えたのに対し、今や選挙権拡張や社会政策の受容をも準備した。安達は小党に無産政党が含まれることを恐れず、むしろ職業的な利害でさらに分解する可能性をも意識していたのである[61]。もっとも、比例代表制や大選挙区制を受け入れるほどには歓迎していなかったようではあるが。

一九二五年三月、男子普通選挙制度の導入を謳った衆議院議員選挙法改正案が貴衆両院で成立した。安達が政府案の策定を主導し、その主張通り中選挙区制となった。

憲政会から民政党へ

護憲三派内閣の成立時には安達は入閣せず、「党人の悲哀」を象徴した[62]。一九二四年八月に政務次官が新設され、安達は内務政務次官への就任を要請されたが、不本意だったらしく固辞している。大臣級なのに党に残っているという立場は、党内や与党三派の協調に貢献しやすかった。「代議士会がモメる時など、二言三言其赴くべき所を少しドモリながら陳述すると大抵円満に終つて了《しま》ふ」と描かれていることからも分かる[63]。内閣として最初の予算案も、安達の呼びかけにより憲政会内は幹部一任となった[64]。

犬養が逓信大臣を辞任すると、党人の起用を望む党内輿論の下、一九二五年五月、安達が後任となった。八月には政友会が政権から離脱し、憲政会単独少数与党による第二次加藤高明内閣が発足した。加藤が病死したため、翌二六年一月に若槻礼次郎が後継内閣を組織した。安達は逓相に留任し続けた。しかしこの頃から、党内の制御にほころびが目立つようになった。

六月の内閣改造は現閣僚の水平的移動を専らとするもので、党からは筆頭総務の町田忠治が農林大臣として入閣したのみであった。党内には内閣改造の「官僚主義」に対する不満が高まり、藤沢幾之輔、加藤政之助ら顧問がこれを代弁するようになった[65]。統治の焦点を閣内に置くかどうかは悩ましい問題で、安達が入閣した後の総務は軽量化しており、顧問を押さえられなくなっていた。少数与党にとって、政友本党との提携にはメリットがあった。だが顧問会は一九二六年五月十五日、政友本党との連立反対を決議した。

党出身閣僚は、藤沢を次期筆頭総務に推すことで顧問側への配慮を示した。総務側が反発し、顧問側がこれに憤慨した。安達が調停を任され、顧問が求める非募債主義からの転換や人口・植民政策といった新政策を発表することで合意したが、若槻はこれを採用しなかった。[66]やはり党人派による政策への介入には限界があり、人事で決着をつけるしかなかった。

九月、早速整爾《はやみせいじ》蔵相の死去に伴う改造で、藤沢が入閣した。原修次郎総務が筆頭に昇格する予定であったが、顧問側は、藤沢の先例にならって加藤政之助を筆頭総務に推した。だが「老人」が新進の進路を塞いではならないと総務側が抵抗したように、この時の顧問側の要求は、党内少壮派の支持を得られるものではなかった。[67]結局、加藤が辞退することで事態は収拾された。しかし、一九二七年一月十八日の代議士会では、「安達遁相横暴の声あり」という指摘が出た。[68]

安達は後進を政務官（政務次官、参与官）に推挙することはできた。政務官は安達を囲んで議会対策を協議したり、後年の安達内相時代には、厳しい監視下にある内相にかわって各知事との選挙の打ち合わせを密かに行ったりしたという。[69]これに対し、閣僚の選定は前述の「官僚主義」が優越していた。したがって、大臣級を自任する総務や、さらに年配の顧問には焦りがあり、筆頭総務を顧問から出すという不自然な人事が軋轢を激化させたのである。顧問は新旧大臣を加えることで制御が容易になるが、なかなか入閣できない総務は、以後の危機の起点となる。

憲政会の結束を保たせていたのは、解散・総選挙への機運であった。ところが一月二十日に若槻は田中義一政友会総裁、床次竹二郎政友本党総裁と三党首会談を行い、解散を回避してしまった。安達は不満であったが、不満を共有する浜口雄幸との連絡を親密にすることができた。[70] 浜口は大蔵省出身でありながら党務にも精励しており、安達にかかる重荷をある程度理解し、分担できる指導者であったと思われる。両者は次善の策として政友本党との提携を進め、二月二十六日に憲本提携の覚書が成立した。だが内閣は金融恐慌の処理をめぐって枢密院と衝突し、総辞職となった。四月二十日、政友会を与党とする田中義一内閣が成立する。

六月一日、憲政会と政友本党が合同して立憲民政党を結成した。若槻にかわり浜口が総裁に推戴された。安達や前政務官は他の幹部と異なり、早くから合同積極論であったという。[71]

思うに護憲三派内閣における安達の調整は、良好であった。他党との調整を背景に党内に受忍を求め、党内の意向を背景に他党と交渉する循環が成り立っていたからであろう。単独内閣となると、説得の循環が働かず、党人のポストは限られているので、安達が不満の焦点になりうる。安達派は報道レベルでは少壮派とほぼ同義であるほど巨大なのだが、数えると数十名にとどまることも、[72] これを傍証しているかもしれない。

与党としては連立、野党としては合同によって政友本党系をかかえこみ、人事が対外交渉との連立方程式であると憲政会系に了解させるというのが、党内を真に掌握するための安達の戦術だったのではないか。小党分立を原点とした安達が、こうして二大政党化を推進したことは興味深い。

一九二八年一月二十一日、衆議院が解散され、二月二十日に第一六回総選挙が行われた。安達らは公認候補の数を抑制し、また非公認候補の輩出を避けることに努めた。[73] 結果は、政友会二一七議席、民政党二一六議席、無産諸派八議席であった。『東京朝日新聞』は、与党政友会の「事実上の敗北」であると断言した。[74] 中選挙区において立候補や地盤の調整能力が選挙結果を規定するのだとすれば、政友会の選挙戦を指揮した森恪《もりかく》が「中選挙ぢや駄目だよ、どうせ小選挙区か、比例代表制にしなけりやね」と言い放ったのも理解できる。[75]

安達の威信は高まった。だが八月に床次ら旧本党系の一部が脱党し、党内が再び憲政会系優越となると、やはり安達が不満の焦点となった。加藤高明直系を任ずる田中善立《ぜんりゅう》らが九月七日に脱党するが、彼らが公表したパンフレットは、民政党のことを「憲本合同政権獲得株式会社にして（中略）大小の社務は専務取締役たる安達氏が執行し、重役会の招集も社員の任命沙汰も一切安達総務の独断擅決《せんけつ》する処である」と非難したのであった。[76]

安達謙蔵（1864－1948）

選挙の神様の御利益

一九二九年七月二日に浜口雄幸内閣が成立した。安達は内相に起用された。浜口は閣僚の選定は迅速に行えたが、政務官の人選については「安達派のばつこ」と相克により紆余曲折を強いられたと報じられた。政務次官には中野正剛《せいごう》、山道襄一《やまじじょういち》、野村嘉六らがそれぞれ起用され、参与官については地方間のバランスが配慮された形跡があるものの、やはり安達系の進出が目立った[77]。

第五七議会は解散され、安達は第二次大隈重信内閣以来の与党選挙に臨んだ。最重要の選挙対策は候補者の厳選であり、七五〜八〇％の当選率を守ろうとした。今回は、非公認候補を認めない方針をとった。政友会も同様であった[78]。

一九三〇年二月二十日に実施された第一七回総選挙は、民政党が二七三議席を獲得するという圧倒的勝利であった（政友会は一七四議席）。『東京朝日新聞』は「意外！ 意外！ その結果は政府自らも予想外とする圧倒的多数」と報じた。安達は民政党選挙委員室に「のそり」と現れ、達筆で「天定而勝人　漢城」と認めた[79]。

『東京朝日新聞』の解説「与党大勝の種明かし」（一九三〇年二月二十四日）によれば、勝因の一つは「与党候補の得票の分配が実に巧に行はれている」ことであった。秋田県第一区（定数四）では、民政党の候補者の得票が二万七九九票、二万七九〇票、二万五七四票とほぼ三分されていた（第四位当選は一万二七〇〇票弱を得た政友会候補）。富山県一区（定数三）は二議席を維持できるかどうか疑問視されていたが、民政党候補は一万九四五三票、一万九一一九票と得票を分け合って当選した。こうした例は枚挙にいとまがなかった。熊本国権党の原点に忠実な選挙戦術であったといえよう。

中選挙区制が多数派の成立を妨げるという批判は力を失ったが、少数党の議席数が得票数に見合わないという、新たな批判が力を得た[80]。安達内相も比例代表制の採用を打ち出す。だが実現への熱意は疑われており、選挙革正審議会で議論百出となると固執せず、年齢制限の引き下げや婦人参政権、選挙公営などに論点をしぼった[81]。

これらも挫折すると、第二次若槻礼次郎内閣期にはあらためて比例代表制の導入を表明した。だが安達と与党幹部が合意したのは、前内務政務次官の斎藤隆夫の私案であった。ドント式の比例代表制だが、中選挙区・単記制を踏襲し、得票順に当選順位が決まり、法定当選点に達しない得票は計算に入れないというものであった[82]。立候補と地盤の調整がものをいう世界に、安達は愛着を抱いていたといえる。

ところで戦後の衆議院も(初回を大選挙区制で行ったのを除き)一九九〇年代の政治改革までは中選挙区制をとったが、その政治風景は自民党一党優位であり、自民党内の派閥の分立であった。戦前の中選挙区制の下で二大政党化が進み、政友会よりも派閥構造の弱い憲政会・民政党が相対的に優位に立ったのとは、あまりにも異なる。この説明をどうつけるのか。

戦前の経験から今述べられるのは、衆議院の多数を本気で争う政党が複数ある場合、これらの政党の集票力に変化が生じない限りは、中選挙区制は立候補や地盤の調整能力の勝負となり、その意味での党内統治の強化を促すということである。戦後の自民党は長くそのようなライヴァルを持たなかったため、中選挙区制は複数の派閥から同じ選挙区への立候補を容易にするという、逆の機能を果たしたのであろう。

さらに戦後においては、革新陣営の少数野党は野党のままで長く存続するのが当然であった。これに対し、選挙の公平性への信用が低かった一九二〇年代においては野党の焦慮はより強く、「苦節十年」といえば党史の立派な向こう傷であった。ある党が政権を有する場合、他の党にとっては与党に味方して身の安全をはかるか、他の野党と身を寄せ合うかが、しばしば切迫した選択肢であった。中選挙区制は、与党や野党が単一であることを強制したりはしない。だが調整能力の勝負である以上、より真剣な結合を推奨するであろう。現に政友本党は、自由党系と進歩党系の間を右往左往しつつ吸収されたのである。

政党が政権につかなくなった一九三〇年代、左右の革新勢力が議席を増やし、二大政党の議席占有率は低下する。この時期、中選挙区制は新しい小政党の登場に好都合であり、戦後に果たすはずの機能を予告しつつあったといえないだろうか。

以上から中選挙区制は、議席と政権を激しく争う政党システムを前提とする場合、直接的には党の集権化を促進し、間接的には二大政党化を促進するといえよう。ところが非競争的な政党システムにおいては、一転して党内派閥の分立に適合的な選挙制度となるのである。

このように政党システムによって機能を豹変させる中選挙区制の導入を促進した点で、安達の歴史的役割を見逃すわけにはいかない。そして安達の台頭の背景には、政策サロンのために選挙と組織を管理する焦点を要請した、進歩党系政党の党内構造があったといえよう。

迷走

しかし、頂点に近づくにつれ、安達の限界は明らかになっていく。

十一月十四日、浜口雄幸首相は銃撃を受け、入院した。幣原喜重郎外相が臨時首相代理になった。党内少壮派の安達への支持は広く、「この若い連中は一体全体たれをかつがうとするのだ？　それはいふまでもなく今までセツセと党務に勉強して来てゐる内相安達謙蔵さんだ！」と報じられるように、中野正剛を先頭に奔走があった。[83]だが、首相代理を空位または安達にしようとして果たせず、安達を副総裁にしようとして果たせず、辛うじて連絡係にしたが、与党幹部の強い反発を受け、人事権は削られた。[84]総務クラスの敵意という構図が、ここにも表れたのである。

安達は少壮派を押さえることを閣内で約束させられ、しかし少壮派の「純真な気持ち」を弾圧できないとも公言した。その結果、閣内からも少壮派からも安達への不信感が表明された。[85]

浜口は一度復帰したものの、四月に入り再入院し、辞任は不可避となった。後継について最も有力といわれたのは「党の実勢力を握るもの及び少壮組」の支持を得ている安達であった。これに待ったをかけたのが江木翼《たすく》鉄道大臣であった。江木は政策サロンの気鋭であり、党内での影響力を安達と二分していた。江木の主導で、大命降下に最も支障が少ない若槻が選ばれた。この時も、安達の譲歩と少壮派の安達擁立論、安達の少壮派弁護と少壮派の安達批判が繰り返された。[86]

『東京朝日新聞』は、安達への信望がさすがに揺らいでいることを以下のように指摘している（「大勢を制した便宜主義」一九三一年四月十二日）。

それにしても、のどから手の出さうな安達君が、この期に及んで何等の方策も講じ得ず、おまけに江木君と一緒にノコノコと若槻邸訪問と出かけたのは寧ろ一種の醜態であつた、かくすることにより安達君は折角《せつかく》自分のために熱心に動いてゐる少壮党員の気勢を殺《そ》ぎ、若槻君からは挙党一致の誠意ある推挙といふ絶好の口辞を握られ、いづれにしても安達君は小指程の得もせぬ羽目に陥つてしまつた。

一九三一年四月十四日、第二次若槻内閣が成立した。政務官は全て入れ替えられたが、閣僚の変更は小幅であった。当初、若槻が党人派から選んだ頼母木《たのもぎ》桂吉は、安達と江木が原修次郎を推したことで入閣できなくなり、筆頭総務となった。党人派の入閣は相変わらず狭き門であった。

行財政整理のため江木が提案した省廃合案をめぐって、安達は総務と少壮派との板挟みにあった。頼母木が急先鋒となって与党幹部の多数が賛成し、中野以下の少壮派は党人派出身の大臣を犠牲にする姑息な整理案であるとして強く反対し、その際、安達にも非難を浴びせるのを忘れなかった。安達は前者から後者へと徐々に立場を移し、「フラフラの安達さん」と揶揄《やゆ》された。[87]

結局、実現したのは拓務省の廃止のみであった。江木は体調の悪化を理由に引退を表明した。政権内の安達のライヴァルがまた一人、退場した。だが「内相は党務には精通してゐるものの政策方面にまで手を延す余裕がないので」、予算問題で常に立ちはだかる井上準之助蔵相が、江木にかわって閣議を主導することが予想された。[88]

大臣としての安達はたしかに精彩を欠いた。議会答弁は失策が多く、「選挙の神様必ずしも答弁の神様でない」ことを証明した。[89] 浜口内閣発足以来、労働組合法案、選挙法改正、婦人公民権案などを推進したが、閣議で次々と「骨抜き」となった。[90] 社会政策の一環たる救護法の実施は、井上蔵相が支出に難色を示すと譲歩を繰り返した。これら譲歩の代償として、失業救済事業のために非募債主義の転換を働きかけ、実現した。[91] しかし、歳入不足、失業問題と他省の同調に助けられた例外的な事態であり、しかも秋の府県会議員選挙が終わると大蔵省の主張に再接近する姿勢を示した。[92]

井上との交渉で安達が恃《たの》みとしたのは、「井上君も輿論の帰すうを見てゐる」ことであり、[93]「輿論」の指標として恃むのは党内少壮派であったろう。それは閣僚との交渉負担を減らすほど強力でなければならず、かつ閣内での立場上、安達とは無関係な運動でなければならなかった。安達の陰険さは、弱さの表れであった。

脱党

安達の失脚を招いた協力内閣運動は、この弱さを念頭に置いて理解すべきであろう。

九月十八日、満洲事変が勃発した。対応に苦慮した若槻は、十月二十八日、安達に辞意をもらした。安達は善後処置として政友会との協力内閣を提案し、若槻は実現できるならそれが良いと応じたが、後で井上蔵相や幣原外相の反対を受けて翻意した。十一月二十一日に安達は協力内閣推進を公に声明したものの、閣内の支持を得られず、一度静観の立場をとった。だが十二月九日に富田幸次郎顧問と政友会の久原《くはら》房之助幹事長の間で協力内閣実現の覚書が交わされたのを契機に強硬姿勢に転じ、閣内不一致で総辞職に至る。十二月十三日、安達、富田、中野らは脱党した。

安達の真意については、分からないことが多い。陸軍を統制しようとした形跡も、事変に便乗しようとした形跡も、見出せる。幣原に臨時首相代理を、若槻に二度目の総理就任を認めさせられた経験から、安達は自らが総理になりにくいことを痛感していたであろう。富田は宇垣一成擁立派と目され、また久原との間では犬養か高橋是清の擁立を想定していたようなので、覚書が実施されても安達首班の可能性は低かった。安達が目指していた協力内閣とは、若槻の退場と井上財政からの転換によって、今度こそ自分が民政党を――党内の不満は政友会に帰責しつつ――代表することであったと思われる。それは護憲三派内閣や政友本党との提携・合同で得た成功体験の、拡大再生産であった。他党との交渉を意識させることで、内部に協力を求めるという、国士肌の党内統制の反復であった。

したがって、安達は若槻内閣の総辞職には固執したが、民政党には遠からず復帰するつもりであった。脱党の際、追随しそうな一般党員に対し極力党内にとどまるよう懇請したという[94]。また、時を置かず同じ熊本県出身の清浦奎吾を通じて復党交渉を行った[95]。犬養政友会内閣が議会を解散し、一九三二年二月二十日に第一八回総選挙が行われたが、安達らは選挙区で民政党と協力関係に立つことに努めた。

この選挙で民政党は惨敗した（政友会三〇一議席、民政党一四六議席）。『東京朝日新聞』に政友会の勝因を問われた久原は、「それはあなた、一に統制ですよ」と断言した上で、安達の戦術から学んだのだと解説している（「まさに新しき選挙の神様」一九三二年二月二十二日）。

安達の神様といふのはこの統制より外何でもないんです、ところが民政には彼今や即ちなく大いに乱れてしまつた、政友は今までこいつがまづかつたのですが、この欠点を痛感してなほした、つまり強味と弱味がきれいにアベコベになつたのですな、これ位の結果は。

選挙指導者としての安達の評価は、なお高かったのである。民政党内では、安達を必要とする声が大勢といってよかった。安達の復党を求める者は多く、だが安達と新党を作ろうとする者はより少なかった[96]。若槻らは珍しく強硬姿勢を貫き、安達派の中核部分に恭順するか否かを迫り、恭順しない者たちを孤立させて放逐した[97]。十二月二十二日、安達は国民同盟を結党するが、その後、小会派に終始した。

vi　嘘の定点観測を終えて

本章は、進歩党系の統治の焦点として犬養と安達を取り上げた。

進歩党系の軌跡は錯綜しているが、その理念型は明確である。政党の中で希少な政策能力を持つ者が政策サロンとして君臨し、その政策サロンの中で希少な組織能力を持つ者が党組織を媒介する焦点として壟断《ろうだん》した。もっとも、この理念型は犬養と安達の間に浮遊している。

犬養の場合、大隈や大隈系官僚のコミットメントは不確かであった。その下に一応成立したサロンは、犬養を含め在官経験が短いか、ないかであった。その分、サロンと焦点の役割分担ははっきりせず、政策面でも権力面でも犬養の戦闘力は高かった。党組織を鼓舞するために、政策の包括性や実現可能性が犠牲になることはあったが、犬養自身は一家言の持ち主であることを認めさせた。サロンの他のメンバーは犬養に匹敵せず、折り合わず、大正政変までに退場した。犬養麾下《きか》の富士山は、収縮しつつ漂流した。犬養は様々な政権構想を提示したが、最終的には機会をとらえて自由党系を籠絡できるという期待が精神的な支えであり、政友会への合流に至った。

安達の前半生は逆風の中の組織防衛であったが、その経験が大正政変後に安達を「選挙の神様」に押し上げ、中選挙区制の形成と運用に寄与した。立憲同志会結成後は、桂系の官僚派の降臨にも恵まれた。問題は党人派の政策サロンへの参入圧力が強まったため、入閣できない党人は攪乱要因となり、安達が不満の焦点となったことである。安達本人は役割分担に忠実だったので、政策サロンや総理候補としては機能せず、脱党してもともに漂流する者は少なかった。

以上のような相違はあっても、大正政変前の犬養とそれ以後の安達が政策サロンと党組織を調整する焦点を占めていたことは間違いない。この焦点は、嘘を免れない役割であった。両者とも党務に精励し、党組織にとって不可欠な存在となることで、党組織の恭順をある程度調達しえたと思われる。

党の全体への奉仕を演じ、他にもそれを求めるスタイルと相即するかのように、犬養と安達は政党政治家の中でナショナリズムを体現する存在であった。ただしナショナリズムによって暴走したり軍拡を認めたりすると、進歩党系が進歩政党たりえなくなる。犬養も安達もこのディレンマの渦中にあったのだが、犬養には独特の言語感覚があり、いかなる情念やイデオロギーからも、暴走の寸前で身をひるがえす術を知っていた。安達は対外硬の極致といえる事件（閔妃暗殺事件）の実行犯であり、その過去を回顧するのと引き換えに政策的には無色に近づくことができた。こうして、焦慮する国士は進歩政党の焦点として機能したのである。

特に安達については資料の制約が大きく、長期間にわたる犬養と安達の軌跡をとらえて理念型を論ずるのは大胆というべきである。だがそうしたのは、両者が明治期に培った思考やスタイルを驚くほど変えず、長い時間的スパンの中で論ずるからこそ知りうることが多いと考えたからである。

進歩系政党の政治家であり、ジャーナリストでもあった田川大吉郎は、犬養が「旧政治家」の糾合しか眼中になく、新人に訴えないと批判した。後半生、青年教育に賭けた犬養としては不本意であろうが、成長しない犬養の一面を言い当てている[98]。

安達については、犬養が「安達は不景気は不たう不屈の精神さへあれば何でもないひもじくつて死んだ者はないといつてゐるがアレの頭はそれ位のものだ」と一刀両断にしている[99]。たしかに安達はこうした精神主義から大きく成長しなかっただろうが、成長するようでは、焦点の労苦に耐えられなかったかもしれない。

犬養の漢文には定評があり、偏狭と批判されるほどの鋭い直感を持った。安達が同様の気韻を帯びていたかは別として、散文を展開する資質には乏しかった。安達夫人は絵心があり、その絵に安達が賛を添えた夫婦合作はよく売れ、党支部の建設費の助けになるほどであったという[100]。

歴史研究は散文家の楽園であり、歴史家は成長し成熟する人間を描きたがる。だが詩人は成長しないからこそ、要石の役割を長く果たすのである。

それにしても、二人の政治家の履歴をつなぐことで近代日本の政党史を論ずるのは、あまりにも個人中心だと思われるかもしれない。たとえこの二人が進歩党系の党内統治の焦点だとしても、複数政党の分岐には、経済社会をより視野に入れた構造的な説明を与えるべきではないか。このような不満を自覚することで、重要な課題を再確認することができる。本章冒頭であきらめてしまった、政党の支持基盤への進撃を再開することである。ごく端緒的ながらそのための示唆を見出すのが、第Ⅳ部で地域社会を論ずる目的の一つである。

注

1　岡義武『転換期の大正』（岩波文庫、二〇一九年）六三頁。

2 「清浦氏は多分受ける　安達謙蔵氏談」『東京朝日新聞』一九二四年一月一日。
3 犬養毅『木堂清話』（弘学館、一九一六年）八三頁。
4 データベースは「聞蔵IIビジュアル」『朝日新聞』縮刷版、一八七九～一九八九年。「犬養毅」という検索ワードで検出される記事は五九八二件、「安達謙蔵」は四四〇〇件である。読売新聞データベースでは「犬養毅」は三五〇〇件、「安達謙蔵」は一九一七件である。
5 改進党、進歩党についての記述は特に断らない限り、五百旗頭薫『大隈重信と政党政治――複数政党制の起源　明治十四年―大正三年』（東京大学出版会、二〇〇三年）による。
6 大隈重信・河野敏鎌宛犬養、（一八八三年）八月十三日、早稲田大学大学史資料センター編『大隈重信関係文書』1（みすず書房、二〇〇四年）二三六～二三八頁。
7 大隈重信宛犬養、（一八八九年）一月十七日、前掲『大隈重信関係文書』1、二四六～二四八頁。
8 「当世雄弁家気質（十八）犬養毅氏」『東京朝日新聞』一九〇九年二月七日、二月八日。
9 古島一雄『一老政治家の回想』（中公文庫、一九七五年）六七頁。
10 犬養毅、前掲『木堂清話』一四八頁。
11 「犬養氏の気焔（門司）」『東京朝日新聞』一九〇八年一月二一日。
12 大隈重信宛犬養、（一八九六年一月）十八日、前掲『大隈重信関係文書』1、二五六頁。
13 大隈重信宛犬養、（一八九七年五月二十二日）、前掲『大隈重信関係文書』1、二五九頁。
14 『立憲改進党党報』第一四号、一八九三年八月、二六～三一頁。
15 久野洋「地域政党鶴鳴会の成立――明治期地方政治史研究の一視角」『史学雑誌』一二五編七号、二〇一六年。
16 木山厳太郎宛犬養、（一八九八年七月）二日、鷲尾義直編『犬養木堂書簡集』（人文閣、一九四〇年）四七～四八頁。

17　内海信之『高人犬養木堂』（文正堂出版部、一九二四年）一一三頁。
18　建部遯吾「政党の革新」『太陽』第一五巻第五号、一九〇九年四月。
19　「憲政の神の後へ選挙の神さま　安達老」『東京朝日新聞』一九二五年五月三十一日夕刊。
20　品川宛佐々友房、（一八八九年）九月二十八日、尚友倶楽部品川弥二郎関係文書編纂委員会編『品川弥二郎関係文書』4（山川出版社、一九九八年）四二頁。
21　安部井磐根・横堀三子宛、（一八九三年）十月二十六日「安部井磐根関係文書」書翰の部七―二。大日本協会宛安達、（一八九三年十月）二十六日、同書翰の部七―三（国立国会図書館憲政資料室所蔵）。
22　「国権党代議士の書簡」（中央新聞抜書）一八九七年一月、品川宛佐々友房、（一八九七年）一月二十九日、前掲『品川弥二郎関係文書』4、一〇五～一〇七頁。
23　品川宛安達、（一八九七年）七月三日、前掲『品川弥二郎関係文書』1（一九九三年）二一七～二一八頁。
24　品川宛安達、（一八九七年）十一月十三日、前掲『品川弥二郎関係文書』1、二三四～二三七頁。
25　品川宛安達、（一八九九年）十月十四日、前掲『品川弥二郎関係文書』1、二四八～二四九頁。
26　「勝利を語る　得意の安達内相」『東京朝日新聞』一九三〇年二月二十三日。
27　「候補者の替玉（社説）」『東京朝日新聞』一九一五年三月三十一日。
28　「総選挙に就て　安達謙蔵君談」『太陽』第一八巻第六号、一九一二年五月。
29　「政党スケッチ　大同倶楽部」『東京朝日新聞』一九〇八年十月十九日。
30　「安達謙蔵氏談」『東京朝日新聞』一九一一年八月十四日、「混沌たる政界」同一九一二年八月二十九日。安達謙蔵「何事も制度整理の発表以後」『太陽』第一八巻第一四号、一九一二年十月。
31　安達謙蔵「大同派の立脚地」『太陽』第一五巻第五号、一九〇九年四月。「安達謙蔵氏談話速記」

広瀬順皓編『憲政史編纂会旧蔵　政治談話速記録』第一巻（ゆまに書房、一九九八年）二一～二四頁。
32　前掲「憲政の神の後へ選挙の神さま　安達老」。
33　「涼を趁て（九）安達謙蔵氏」『東京朝日新聞』一九一五年七月九日。
34　「進歩党政務調査委員」『東京朝日新聞』一九〇〇年四月五日。
35　「進歩党代議士評議員連合会」『東京朝日新聞』一九〇一年十二月五日。
36　「進歩党代議士総会」『東京朝日新聞』一九〇一年十二月十一日。「進歩党大会」『東京朝日新聞』一九〇一年十二月六日。「進歩党の盲従」『東京朝日新聞』一九〇一年十二月二十日。
37　「進歩党の在京代議士会」『東京朝日新聞』一九〇二年十月十五日。
38　「進歩党の覚書」『東京朝日新聞』一九〇七年二月十日。
39　「進歩党改革問題」『東京朝日新聞』一九〇六年十一月二十五日。
40　「進歩党内情（再び）」『東京朝日新聞』一九〇七年三月一日。
41　「進歩党代議士会」『東京朝日新聞』一九〇八年六月十四日。「進歩党内の反目」『東京朝日新聞』一九〇八年六月二十三日。
42　風来「政客応接振り（十一）犬養毅氏」『東京朝日新聞』一九〇八年十二月二十日。
43　前川虎造宛犬養、〔一九〇八年〕十月二十八日、前掲『犬養木堂書簡集』九八～九九頁。
44　古島宛犬養、〔一九〇九年〕三十一日、前掲『犬養木堂書簡集』一〇五頁。
45　「進歩党大会」『東京朝日新聞』一九〇九年十月二十九日。
46　「憲政擁護の真意義」一九一二年十二月十九日、「憲政の破綻と我党の覚悟」一九一二年十二月、犬養毅『木堂政論集』（文会堂、一九一三年）。
47　「憲政の前途」一九一三年一月十七日、前掲『木堂政論集』。

48　犬飼源太郎宛犬養、〔一九一二年〕十二月五日、前掲『犬養木堂書簡集』一三三～一三四頁。
49　「閥族打破論」一九一三年一月二十四日、前掲『木堂政論集』。
50　尾崎行雄「政友会の岐れ目（復活乎滅亡乎）」『太陽』第二〇巻第八号、一九一四年六月。
51　西田富三郎宛犬養、〔一九二〇年〕七月六日『犬養木堂書簡集』三二一～三二三頁。
52　例えば田中義一宛犬養、〔一九二八年〕五月三日、岡山県郷土文化財団編刊『新編　犬養木堂書簡集』（一九九二年）二二三～二三四頁。
53　植原悦二郎宛犬養、〔一九三〇年〕、前掲『犬養木堂書簡集』五五一頁。
54　犬養健「追憶」『中央公論』一九三二年八月号。木堂先生伝記刊行会・鷲尾義直編『犬養木堂伝』中巻（原書房、一九六八年）九六五～九六八頁。
55　「東北振興の便法　安達総務談」『東京朝日新聞』一九一六年七月七日。
56　「協力内閣説に敢て反対しない　内相、西下の車中談」『東京朝日新聞』一九三一年十一月十日。
57　「安達氏時局談」『東京朝日新聞』一九二一年四月十八日。
58　「安達氏視察談」『東京朝日新聞』一九一九年九月三日。
59　「普選別表説明　安達謙蔵氏談」『東京朝日新聞』一九二〇年一月二十二日。
60　安達謙蔵「普選実施後は小党分立時代」『太陽』第三〇巻第一号、一九二四年一月。
61　「生れ出る無産政党既成政党は何と見る　憲政会―安達遁相談」『東京朝日新聞』一九二五年八月十一日。
62　荒木武行『加藤高明論』（大観社、一九二五年）一五四頁。
63　「領袖ぶりさまざま（六）フトコロで仕事をする安達さん」『東京朝日新聞』一九二五年二月十日。
64　「憲、本両派の対予算案態度」『東京朝日新聞』一九二四年七月八日。
65　「筆頭総務問題から」『東京朝日新聞』一九二六年六月十二日。

66 「支部長会議で新政策を発表」『東京朝日新聞』一九二六年六月十五日。「きのふ憲政支部長会議にて若槻総裁の大見得」『東京朝日新聞』一九二六年六月二十六日。
67 「総務の補充で与党また役もめ」『東京朝日新聞』一九二六年九月二十九日。
68 「院内総務就任を小西氏拒絶す」『東京朝日新聞』一九二七年一月十九日。
69 「逓相をかこんで　憲政政務官の協議」『東京朝日新聞』一九二七年二月二十六日。「選挙の革正、果して期し得るや」『東京朝日新聞』一九三〇年一月二十六日。
70 安達宛浜口雄幸、〔一九二七年〕一月二十六日「安達謙蔵関係文書」二―4（国立国会図書館憲政資料室所蔵）。安達宛浜口雄幸、二月五日、同二―8。「利害関係を同じうする両党提携までの経過」『東京朝日新聞』一九二七年二月二十七日。
71 「党首問題で憲政会は二の足」『東京朝日新聞』一九二七年四月二十五日。
72 加藤祐介「立憲民政党と金解禁政策」『史学雑誌』第一二一編第一一号、二〇一二年。
73 「政民の立候補数まづ互角」『東京朝日新聞』一九二八年一月十七日。
74 「両党の大激戦を物語る全国における得票総数」『東京朝日新聞』一九二八年二月二十四日。
75 「首相けさの不機嫌」『東京朝日新聞』一九二八年二月二十四日。
76 森田小六郎『噴火山上の民政党』（文明堂出版部、一九二八年）二三頁。
77 「論功行賞と地方党情を参酌」『東京朝日新聞』一九二九年七月六日。
78 「非公認候補は断然処置」『東京朝日新聞』一九三〇年一月十九日。「各派の当選予想　二四〇名民政党の計算」『東京朝日新聞』一九三〇年一月二十二日。「各派の当選予想　二一八名　政友会の観測」『東京朝日新聞』一九三〇年一月二十二日。
79 「宿望成れる現内閣」『東京朝日新聞』一九三〇年二月二十三日。「天定って……と納まる安達さん」『東京朝日新聞』一九三〇年二月二十三日。

80 「比例代表制に基く各派の議員割当」『東京朝日新聞』一九三〇年二月二十八日。
81 「政界情報　昭和四年八月～昭和五年四月」「斎藤実関係文書」書類の部一四二―一（国立国会図書館憲政資料室所蔵）。「選挙法改正案の来議会提出は疑問」『東京朝日新聞』一九三〇年六月十四日。
82 「斎藤案を基礎に比例代表制を採用」『東京朝日新聞』一九三一年七月二十四日。
83 「内相勤めには……智恵袋よりも胃袋」『東京朝日新聞』一九三〇年十二月十二日。
84 「安達系先づ動く」『東京朝日新聞』一九三〇年十一月十八日夕刊。「後任総裁問題で与党内に暗闘再燃」『東京朝日新聞』一九三〇年十二月六日。「弱められた連絡係の権限」『東京朝日新聞』一九三〇年十二月十一日。
85 「鉄相内相会同し党内鎮圧を議す」『東京朝日新聞』一九三〇年十二月十四日。「純真な運動を排撃は不可　安達内相の車中談」『東京朝日新聞』一九三〇年十二月十四日。「長老や少壮組会合は避くべきものだ」『東京朝日新聞』一九三〇年十二月十四日夕刊。「少壮派屈せず積極的運動」『東京朝日新聞』一九三〇年十二月十六日。
86 「民政党後継総裁派若槻氏を推薦に決す」「中野山道杉浦氏等安達擁立を力説」『東京朝日新聞』一九三一年四月十一日。「新総裁は極力援助　安達内相談」『東京朝日新聞』一九三一年四月十二日。
87 「与党幹部間には反対論有力」『東京朝日新聞』一九三一年八月二十二日。「不徹底極る」『東京朝日新聞』一九三一年七月二十五日。「省廃合を回つて与党幹部意見疎隔」『東京朝日新聞』一九三一年八月十九日。
88 「政策方面の仕事井上蔵相に移らん」『東京朝日新聞』一九三一年九月十一日。「今日の問題」『東京朝日新聞』一九三一年八月二十九日夕刊。
89 「選挙の神様も答弁は苦手」『東京朝日新聞』一九三〇年四月二十七日。
90 「重要法案の骨抜きで、政府の面目問題」『東京朝日新聞』一九三一年二月三日夕刊。

91 加藤祐介、前掲「立憲民政党と金解禁政策」。
92 「「安達系」が何処にゐるんだ　内相車中に語る」『東京朝日新聞』一九三〇年十一月二十一日。「選挙に利用した内相等の食言」『東京朝日新聞』一九三一年十月四日。
93 前掲「「安達系」が何処にゐるんだ　内相車中に語る」。
94 「民政党果然分裂！」『東京朝日新聞』一九三一年十二月十三日。
95 安達宛清浦奎吾、一九三二年一月四日「安達謙蔵関係文書」一二―7。
96 「安達氏の心境新党に傾く」『東京朝日新聞』一九三二年六月十九日。
97 「民政遂に分裂か」『東京朝日新聞』一九三二年六月二十二日。「山道君と行動を共にせぬ　横山代議士談」「古屋氏の地元静観」『東京朝日新聞』一九三二年六月二十三日。
98 田川大吉郎「国民党の側面観」『太陽』第二〇巻第八号、一九一四年六月。
99 「三百代言式政府　犬養総裁コキ下す」『東京朝日新聞』一九三〇年八月十一日。
100 「趣味と逸話　獄中汗をかいた安達君」『東京朝日新聞』一九二三年八月八日。

Ⅳ　地方統治の作法

〈嘘〉のある号令と、呼応する人々

政府はしばしば人々に献身を求める。その時には、何らかの号令をかけるのが普通である。その号令に嘘を見出すと、我々はすぐ文句を言う。だがもし号令に嘘が含まれていなければ、どうだろうか。政府が人々を信頼し真実を打ち明けているか、傍若無人にも酷使の対象としてのみとらえているか、どちらかであろう。なかなかスリリングな二者択一ではないか。

幸いなるかな、政治家は国民に嘘をつくらしい。我々の生きる世界は、恐らく信頼と傍若無人という両極端の間にある。政府は人々の反応を気遣う。人々の献身は、少なくとも部分的には報われる、つまり個々の利益になる、と思わせようとする。この時、政府の号令に嘘が入り込む余地が生じるのだ。

ならばこの嘘の質によって、我々の世界の質も推し量ることができる。嘘が精緻であれば、それだけ政府は人々の反応を気遣っている。一目置いているともいえよう。嘘が雑であれば、そうでもないということである。

日露戦争後、政府は内務省を中心に地方改良運動を展開し、地域社会への献身を、それを通じて国家への貢献を、住民に求めた。『斯民《しみん》』は地方改良運動の機関誌的な存在であり、その創刊号（一九〇六年）の開巻の辞は、運動の号令といえよう。そこに嘘が含まれているとしたら、体感してみたいものである。

この文章は、国民に「道義的活力」と「経済的活力」を求めた。「道義的活力」については下記のように論じている。

夫れ富貴貧賤各其職を励み、其分を尽し、又能《よ》く己に克ち、衆を愛するは、則ち独り己の利益を進むる所以たるのみならず、併せて世の慶福を扶《たす》くる所以にして、此精神最も克く随処に充溢し、而して長《とこし》へに之を実践して、敢て渝《かわ》らす。此の如くにして始て国民は最も淳渾《じゅんこん》雄大なる道義的活力を発揮せるものと謂《い》ふべく国家は則ち和気靄々《あいあい》たる春風裡に永遠不抜の進歩を観るに至らむ。

職を励み、分を尽くし、克己して他の人々を愛すれば、自らの利益のみならず世の幸せに資する。国民がこの精神を社会のあちこちで長く変わらず実践していれば、国家は和気靄々の中に進歩するという。

職分を果たせば収入や満足が高まることは、第Ⅰ部で取り上げた職分社会の遺伝子が保証してくれたであろう。だがそれだけでは世の幸せが達成されるとは安心できなかったらしく、『斯民』は読者に対して、克己して他の人々を愛することをも要請した。そこまでの献身が、それに見合う自己利益をもたらすのか、そうだとしたらどのような因果によってであるか、は論じていない。

もう一つの「経済的活力」については左記の通りである。

夫れ勤勉倦まざるときは、自ら艱苦《かんく》に克つの勇気を生じ、亦能く自営の気象を生ず。又勤労の精神は之に伴ふて、己を利し、又世を益するの念を生じ、事あるに当りては、公共の福利を全ふせんが為に、敢て自己の利害を捨つるに吝《やぶさか》ならざる精神を湧発するに至らん。

自らを利することと、自らの利害を捨てることとが、より無造作に結合されている。嘘を含んだ号令は、もちろん無視や反発を招いたであろう。より想定外の反応を招いたことも、後ほど述べる。だが人間の面白さを感じさせるのは、先ほどの表現を借りれば、自分の世界の質を上げようとする者がいたことである。嘘を、議論や実践によって本当にしようとする論者や地域があったことである。

例えば同じ創刊号で、日本精製糖株式会社の社長であり、衆議院議員でもあった鈴木藤三郎は「報徳実業論」という論説を掲載している。

鈴木は、そもそも善悪という尺度は人為的なものに過ぎないという、最も欺瞞のなさそうな前提から出発する。善悪は自然界にはない。人間が、自らの繁栄のために設けた尺度である。したがって、個々人の営み全てが、善を志向しなければならない。人間社会は職業の束であるから、善とは、職業を拡大再生産することである。勤労し、節約し、余った資本を事業の拡大に投じ、さらに勤労し、節約する、という無限反復である。

善という基準がもともと存在するのであれば、財産や時間の一部を慈善に向けることで善を満足させればよく、日々の生業はそれとは別に営めばよいのであるが、そのような局部的な慈善による自己満足を求めているのではない。生業の全てを善のために捧げなければならないのである。

『斯民』は各地での運動の報告を多数掲載している。第二編第一号（一九〇七年）には、和歌山県日高郡比井崎《ひいざき》村の村長、湯川玄碩《げんせき》の村政が、同県の筆者から報告されている。衰退した村の復興を志した湯川は自ら現金と土地を寄付し、道路を港まで通し、港に汽船を寄港させることで運輸・交通を便利にし、民業の発達を促した。村民も節約と貯蓄に努め、国債を購入し、日露戦争に際しては水害にめげず、義捐金や出征者への慰労品、その家族への扶助、凱旋者への記念品贈呈を厭わず、著しい風紀の改善を示したという。長文となるが、典型的なので引用する。一読して、湯川とその薫陶を受けた村民の不屈の滅私奉公ぶりを確認していただければよい。

於茲《ここにおいて》当年就職せし戸長湯川玄碩氏、時事に感憤して曰く、我輩医を業とし未だ国を医する手腕を有せずと雖ども、此衰村を復興する策なからんやと。明治十八年、自ら金一千百円、地所二段八畝歩を寄付し、且《かつ》県政府へ稟請《りんせい》して工費半額の補助を受け、日高郡中央の地、即御坊《ごぼう》町より比井港に達する車道を作り、同港より日々和歌山大阪田辺等に往復する汽船を寄港せしむる等、運輸交通を便利にして、民業の発達を努め（比井往来改造後、其効用顕著なるに依り、該道路は県道に、比井港は二等港に編入せられ、永久に地方税を以て修繕等せらるることとなれり）、二十三年、勤倹貯蓄会規則を設け、尚《なお》又三十五年、村内申合規約、村会員申合規約等を設けて之を励行し、村民一般孜々《しし》汲々《きゅうきゅう》、各自能く其業務に黽勉《びんべん》せし結果、何も皆多少の貯蓄を為し、時局に際し国庫債券募集の都度、分担額以上の申込をなし、三十八年七月、未曽有の天災に罹り、溜池四個川除堤防七十余間欠壊《けっかい》、百数十の人家浸水、田畑の被害非常に甚かりしも、誰れ独り悲哀を訴ふるもの無く、義勇艦隊建設費、軍資、恤兵《じゅっぺい》部等へ相当義捐金をなし、出征軍人に対しては百数十円の慰労品を発送し、軍人家族にして貧困なる人々に対しては相当の扶助をなし、而して他の救助を仰がしめざることに協定し、殊に貧富を論ぜず出征軍人家族に対しては、総て県税、戸数割税、村税、戸別割税、尋常高等小学校授業料等を免除或は代納し、凱旋《がいせん》軍人四十五名の帰郷を歓迎するに一定記念品を贈与《ぞうよ》して祝意を表する等、喜んで分相応国民の義務を尽し、著《いちじるし》く風紀の改善を見るに至れり。

限界を超えたような奮闘を誇示しながら、なおそれが「分相応国民の義務」に過ぎないとがんばっている。この種の報告は枚挙にいとまがない。それだけの村々が本当に皆「和気靄々」勉励したとは考えにくく、現実の誇張や歪曲が含まれているはずである。

右の引用には、滅私奉公だけではない工夫も紹介されている。県から補助金を得ており、後には道路を県道に、港を二等港に昇格させることで、その修繕管理は地方税によってまかなわれるようになったことまで記されている。奮闘だけでなく、奮闘の呼び水となる工夫、陳情、利益獲得なども評価されていたといえよう。

このようにして、少なからぬ人々が、政府の求める献身を、内発的なものとして、または自らの利益にかなうものとして、受け入れようとした。このような努力は、本当に世界の質を上げてしまったかもしれない。あるいは、嘘を甘やかしてしまったかもしれない。

いずれにせよ、地方改良運動が約束する受益と、求める負担との間には、あからさまな不均等があった。だからこそ、この不均等を埋め合わせようとする膨大な言説を『斯民』は吸収し、かつ発散し、恐らくこの言説を何割かは反映した現実の努力も喚起したのである。

ここに点描したような社会がどのようにして成立し、それが何をもたらしてきたかについて、これから検討したい。

第6章　人類を鼓舞してきたもの

世界史への回り道

そもそも損得を度外視して人が奔走するとき、何に鼓舞されてそうするのか。人類の歴史を通じて、答えは様々でありうる。なるべくその時代を象徴してくれそうな答えを考えてみよう。世界史をごく大雑把に身分制社会、近代国家、その後、という三段階に分けてみよう。これからより詳しく述べるように、身分制社会において〈美徳〉と〈情念〉が人を鼓舞するとしたら、近代国家においては〈利益〉と〈イデオロギー〉が鼓舞すると考えている。さらに、近代国家を基本原理としつつも、より多元的なガバナンス状況が到来すると、補完的に〈希望〉が作用すると考える。

このような整理は、地球上のいくつかの限られた部分の歴史を概観するためだとしても、あまりにも雑駁であろう。だが必要である。現在、なぜこの問題の研究が重要かを示すからである。希望に特有なとらえどころのなさが、人々の多様なイニシアティブに道を拓きつつ、無償の尽力の搾取を目立たない形で増殖させる危険性をも高めているということを示してくれるからである。

前章では、政治対立を実現するために、野党には社会からの高度な乖離が必要であったと論じた。犬養毅や安達謙蔵がこの乖離をどう維持したか、その意味でどう嘘を背負ったか、を描いた。前章では政治と社会の接点を論じたので、次は社会に降りる。本章では社会に嘘が増殖し、沈殿する可能性が世界的に高まっていることに注意を喚起し、次章においてこれを検出する眼を養うための好事例として近現代日本を再発見するつもりである。

身分制社会——循環する美徳と情念

身分制社会とは、ヨーロッパにおける農民、貴族、聖職者、ブルジョワ、日本における士農工商など、人々がそれぞれの身分集団に属するものとされ、多様な身分集団が一種のヒエラルキーを形成する社会である。この場合の身分とは単に職業を意味するだけではない。その人間全体の性格を規定するものとして、全社会の中で公的な位置づけを与えられたのである。

身分制社会においては、異なる身分はしばしば文化的に大きく隔てられており、没交渉であることも多かった。トクヴィルは、アリストクラシー社会の特徴を、諸身分を隔てる想像力の壁に見出している。人々にとってその壁の存在はあまりに自明であり、おかしいと思うどころかその存在を特に意識することもなかった。「人民は現状と異なる社会状態を思い浮かべることもなく、主人と対等になりうるとは思いもよらない」のが身分制社会であった。[1]

それぞれの身分には、それぞれ異なった美徳（virtue）が期待された。例えば、騎士は勇敢であったり、百姓は勤勉であったりすることが望まれた。身分間の差異、言い換えれば不平等こそを社会の構成原理とする身分制社会においては、異なる美徳が、それぞれの身分ごとの誇りや自尊感情とも結びついた。そのような誇りや自尊感情は平等主義的ではなく、むしろ平等主義的でないからこそ、「他ならぬ、この身分に属する自分」という自意識を支えたのである。逆に、その身分にふさわしい姿を示すことができなければ、所属する身分の尊厳を失うことにつながった。

さらに言えば、諸身分の美徳が同じ強度を持つとも限らなかった。フランスのように宮廷を中心に発展した「礼儀」が、より下の身分を魅了し巻き込んでいくこともあれば、フランス化した宮廷に違和感を抱いた市民的中産階級が、自らの「文化」を発見しようとしたドイツの例もある。その背景には、ヴェルサイユ宮殿に貴族が集められ、その宮廷社会こそが統一的規範となったフランスに対し、小邦に分裂し、地方ごとに別の貴族社会が形成されたドイツという違いが存在する。それらとの比較でいえば、三百諸藩に分かれ、諸身分間の文化的交流が制限された日本の場合、身分の上下を問わず第一章で述べた「職分」による矜持と義務の下に置かれた。いずれにせよ見通しが悪い社会であったが、むしろ見通しの悪さを利用して秩序が成り立っていたと言える。

もちろん、自らの美徳を裏切らずに生きることのできる者は稀であった。美徳は、しばしば情念によって妨げられたからである。情念が美徳と衝突するのであれば、美徳がこれを抑えるチャンスもあった。例えば騎士の勇敢さが恐怖に打ち克つようなものである。これに対し、よりやっかいなのは、情念が美徳と表裏一体の場合である。例えば、騎士が粗暴で、百姓が頑迷であることは十分考えられた。騎士が勇敢さを追求すればいつの間にか粗暴となり、農民が勤勉さを追求すればいつの間にか頑迷さに転落しているといったことは、抑えるのが困難であった。

ノルベルト・エリアスは主著『文明化の過程』を次のように始めている。[2]

現代ヨーロッパの文明化された人間が、かれの社会の過去のある時代に、たとえば中世の封建時代に立ちもどることができるとすれば、今日他の社会を見て「未開」と感じるようなものを、かれはいろいろ発見するであろう。(中略)かれの状況や好み次第で、こうした社会の上流階層の野性的で自由で冒険に富んだ生活に魅惑される場合もあるだろうし、その社会で遭遇する「野蛮」な習慣・不潔さ・粗暴さに嫌悪を感じる場合もあるだろう。(中略)この過去の時代には、今日のヨーロッパ社会と同じ意味・同じ程度での「文明」社会が存在しなかったことを、かれは肌で感じとるであろう。

美徳が、表裏をなす情念に取って代わられないための歯止めとして有用なのが、作法(manners)であった。身分制社会において、作法はときとして異常に煩瑣なものとなったが、これは作法こそが、そのような社会に存在した微妙かつ複雑な身分間の差異を示していたことと結びついている。

宮廷が権威と影響力を持ちえたのは、一つにはこのような作法を培養する場としてであった。エリアスは宮廷社会と礼儀作法の不可分さを次のように強調している。[3]

礼儀作法の実践は、換言すれば、宮廷社会の自己表現であった。（中略）一切の儀式とか作法行為を徹底的に組織化するその厳密さ、それぞれの行為が持っている威信価値を感じ取り算定するその細心さ、それらは礼儀作法や相互間の行動様式一般が宮廷人に対して持っていた必要不可欠さの程度に符合している。

礼儀作法と儀式は、かれが自分自身をも含めて、宮廷社会のありとあらゆる集団や個人の間の距離を維持していくために、そしてまた同時に、かれの支配のエリート的中核集団内部のあらゆる集団や個人間の緊張関係を均衡させつづけていくために、利用した組織上の道具に属していた。

このように作法は、美徳とそれを有する身分を誇示し、社会集団を差異化するための表現手段であった。

作法は煩瑣であるから、実践するのは難しい。実践できたとしても、それは形式主義と隣り合わせである。作法は美徳を体現するはずが、煩瑣な手順を再現することに没頭すると、美徳を見失うということである。

例えば茶道を習うとしたら、手順を間違えたら注意される。手順をただ守っていても、一つ一つの所作や道具の意味を考えろ、と注意される。これらを全て守りおおせたら、無心であることも大事だと言われたりする。

剣道のような武芸も、勝つことを目指すのであるが、洗練された途端に、勝つことが全てではない、といった教えを随伴させる。立ち会う前後の所作も、厳しい吟味の対象となる。

このように複雑かつ可視的な作法には、無数の落とし穴がある。この無数の落とし穴を首尾よく埋めたり避けたりする人は、美徳がいつの間にか情念に転落する無数の可能性を封じ込めようとしているのである。

作法は客観的な表現であるから、この作法を生んだ身分に属しておらず、その美徳や情念と無縁とみなされていたはずの人であっても、何とか模倣・実践できる可能性がある。文化的に優越する美徳が他の身分や地域に波及しようとするとき、作法は尖兵となりうる。

同時に、客観的な表現である以上、ある作法の起源となった身分が、その作法を独占できなくなることもありうる。茶道は男性の商人が発展させ、武士がたしなんだ。最初から身分を超えた作法すら考えられるということである。その創設者たちの意図すら超えて茶道は庶民に広がり、今では女性が中心である。うっかり参加した男性が正客に祭り上げられ、不調法をさらして退散することは珍しくない。

かくて身分制社会においては、作法が厳格に守られているのか、ただ作法を厳格に守れば美徳を体現できるのか、作法の完璧な習得を通じて美徳を我がものにできるのであれば身分的出自は二義的ではないか、といった際限ない議論に道が開かれる。現に、作法書の世界でも権威であったエラスムスは、身分秩序の弛緩・変動期に活動したという幸運を享受しつつ、作法から逸脱していることを理由に他人を批判することが作法に反しうる、というところまで議論を進めたのであった。[4]

美徳も情念も素材が同じであれば、作法は素材から抽象化された身体規律のようなものであった。美徳や情念はタンパク質のようなもので、たえず生産しなければ流れ去ってしまう。これに対し、作法は身分の違いや時の経過に対して相対的に強勒であり、今日にいたる文芸を支える繊維質であると言えるかもしれない。いずれにせよ、身分制社会においては、美徳や情念に基づく動機づけの方が、次に論じる経済的な利益による動機づけよりも、はるかに強かったのである。

近代国家――不仲な双生児、イデオロギーと利益

作法の強勒さが、実際に歴史を動かした。エリアスが指摘するように、西欧の宮廷社会に生まれた「礼節（civility）」は、やがて宮廷外へと拡大し、「文明化（civilization）」に発展していった。宗教改革に端を発する内乱状態を克服することに成功した絶対王権は、領域内における封建的諸権力の統合と、対外的な独立の確保に努める。これを理論化したのが「主権（sovereignty）」の概念であったが、このような「主権」による統合を支えたのが「文明化」にほかならない。

西欧の十七世紀が宗教内乱の時代であったとすれば、十八世紀はその「野蛮さ」を克服する「文

明化」の時代であった。ヴェストファーレン（ヴェストファリア）条約（一六四八年）による新たな国際法秩序の下、ヨーロッパには秩序と平和が回復され、経済的な発展も本格化していった。これを受けて、アダム・スミスらスコットランド啓蒙の思想家たちは、分業による社会の相互依存体系を理論化し、人類の文明史的発展を説くに至ったのである。

国際的な秩序と分業の発展、および国内において領域を一元的に支配する近代主権国家の確立によって、人々の視野ははるかに拡大し、均質化した。このような近代主権国家においてはさらに、ベネディクト・アンダーソンが言うところの「想像の共同体」が生まれていった。[5]印刷メディアの発展により、同一の空間において、同一の時間を共有する人々が増大したのである。被治者による統治者への民主的なコントロールの拡大と相まって、統治と社会の構造はより統一的なものとして、人々の眼に映るようになった。

このような近代国家において、諸身分の不平等性と差異に基づく秩序は、急速に過去のものとなっていった。それではそれにかわって何が秩序の構成原理になっていったのか。

新しい社会への移行に際してまず遂行されたのは、多様な情念の平板化であった。トマス・ホッブズは『リヴァイアサン』（一六五一年）の執筆にあたって、自らをもって新たな政治学が始まると自負した。とはいえ、ホッブズの「新しい政治学」とは、必ずしも近代的な自然科学の影響によるものではない。レオ・シュトラウスが『ホッブズの政治学』において強調したように、ホッブズのねらいは人間を突き動かす多様な情念の根源に、暴力による死への恐怖を見出すことにあった。[6]

人々は、いかに死を免れるかという利益計算の結果として、新たなリヴァイアサンである国家秩序を承認する。いわば究極的情念としての恐怖から出発することによって、新たな政治的秩序を正当化する一方で、自らの利益を判断する個々人を秩序の担い手とする理論体系の構築に成功したのである。

損得勘定が、他の情念を押しのけてしまったと言えよう。経済思想史家のアルバート・ハーシュマンは『情念の政治経済学』において、宗教内乱を引き起こした情念の噴出を克服するために登場したのが私的利益であったと主張する。[7] 人間の情念をもはや超越的な理念によって制御することはできない。そうだとすれば、情念をチェックできるのは他の情念しかない。特に経済的な利益追求の情念は、他の情念とくらべて相対的に安全である以上、経済は人間の情念による暴力を抑止する治療薬として機能しうる。ここにも、情念を単一化する志向が観察される。このような思考を受けて、後にジョン＝スチュアート・ミルは、他者に危害を加えない限り、各人の自由は規制されないという他者危害の原則を示し、この原則が以後の自由主義の基本的テーゼとなった。

やがて、それぞれの領域内において正当な暴力を独占した諸国家は、相互依存を深めつつ、地球の表面を覆っていくようになる。このような近代国家秩序は、それ以前の身分制社会とくらべ、個人にとってはるかに見通しのよいものであった。これと対応するように、自他が何に鼓舞されるかも見通しやすかった。個々人に共通する利益の観念に訴えればよかったからである。

とはいえ見通しのよさには限界もあった。この秩序において、個人は自らとくらべ圧倒的に巨大な国家や国際社会の影響の下に暮らさなければならなくなる。個人は、自らの力の及ばない、いわば世界のはるか遠くから影響を受けるという事態に直面したのである。これに対して人が持ちうる抵抗力も認識能力も、きわめて限られたものであった。

湖の透明度が高ければ、白色円盤を深く沈めても目視できる。それでも遠ざかるにつれ徐々に小さく不鮮明になっていく円盤を凝視し続けることには、独特の心労や不安を伴う。その円盤が自分の運命を左右すると知れば、なおさらである。その意味で、近代国家の形成と軌を一にするように「進歩」の理念が語られるようになったのは、偶然ではないはずだ。人々は無限に後退する虚空の一点を見つめ、それに向けて走り続けることを余儀なくされたのである。

この悩ましさを軽減する様式として登場したのが、あるいはイデオロギーであったかもしれない。利益は市場経済の普遍性によって世界を単純化したが、イデオロギーもまた、悪や善の根源を単一化し、それに基づく論理必然性によって世界を単純化した。それによって人は、円盤を凝視し続ける労から一時的にでも解放されるのである。

ハンナ・アレントの見るところ、すべてのイデオロギーは疑似科学としての性格をもち、あらゆる歴史を法則によって決定された必然的過程として説明しようとした。[8] さらに二十世紀の全体主義は、イデオロギーとテロル（恐怖政治）を結びつけることで、単一の世界観に基づく一党支配を確立していった。

ある意味で、このような利益やイデオロギーの弊害を論じ、または利益とイデオロギーの緊張関係に取り組むところから、近代の政治思想の主要問題が生まれた。市民社会はたかだか利益の体系なのか、ならばそれ以上の何かが必要ではないか。イデオロギーと化した民主主義は、本当に個人の利益を尊重できるのか。自由主義を持ち込んで個人の利益追求を擁護するとしても、その自由主義はイデオロギーとしての力を持つのか、持つべきか。持つべきではなく、多様なイデオロギーのプラットフォームを支える側に回るのか。このプラットフォームに自由を否定するイデオロギーが乱入したらどういう態度を取ればよいのか。排除するのか。特定のイデオロギーを排除しても、なお自由主義でいられるのか。これらの問いに対し、いまだ決定的な答えが示されないままに、やがてガバナンスの時代が到来することになったのである。

ガバナンス――希望

グローバリゼーションの進展と市民社会の成熟が加速するなか、多くの先進諸国で福祉国家が転換期を迎え、公的部門の財政的制約は厳しくなるばかりである。結果として、統治が政府内外、国内外の多様なアクターによる多元的かつ相互的な調整に支えられ、規定される度合いは増し、そのような状況はとりあえずガバナンスと呼ばれている。

歴史的に振り返れば、「統治する（govern）」という営みは本来、社会の多様な領域において見られるものであった。[9] これに対し、一定の領域を排他的かつ主権的に統治する近代国家が登場することで、もっぱら「政府（government）」が統治の担い手として焦点化されることになる。現代、この焦点の輪郭がかつてほど明瞭ではなくなる中で、それでも成立している秩序を説明するために、「ガバナンス（governance）」という言葉が浮上したのであろう。

もちろん、利益とイデオロギーを主要な作動様式とする近代国家体系はなお続いている。ガバナンスはこれにとってかわる秩序というよりは、既存の秩序に新たな傾向や事象を付け加える状況と考えるべきであろう。とはいえ、このガバナンス状況に対処するための補完的な原動力が要請されていることも間違いない。

既に述べたように、多様な美徳と情念によって見通しの悪さを余儀なくされた身分制社会に対し、近代国家は情念を平板化し、利益とイデオロギーによって世界を単純化した。ところが、ガバナンス状況が到来することによって、このような見通しの良さは再び失われることになった。むしろ見通しの良さを求めることは失敗の元かもしれない。利益やイデオロギーがもつ明快さは、ガバナンス状況が要請する多元的な調整を台無しにしかねないから。

とはいえ、ガバナンス状況はけっして身分制社会への退行を意味するわけではない。身分制社会においては、見通しの悪さを利用して統治は遠心化され、省力化された。これに対しガバナンス状況においては、異質なアクターを巻き込み、その貢献と資源を引き出すことが要請される局面が多い。異質なアクターの美徳を尊重したり、情念を警戒したりするだけでは、この要請に応えられないのである。

それでは、このような骨の折れる営みへと人を鼓舞するのは何であろうか。さしあたり、希望と呼んでおくことにしたい。哲学者のエルンスト・ブロッホが希望を「まだ‐ない（Noch-Nicht）」という視角から分析したように、希望には、見通しの悪い世界へのコミットメントを支える機能があるように思われるからである。[10]

ここで病気の治療を考えてみたい。困難な病気において、本当に治癒できるか分からない長い闘病生活を支えるにあたっては、患者の希望が不可欠である。ただし、あまりに「絶対治りたい」という思いが強すぎると、自らを追いつめて、かえって逆効果になることもある。前途は見通しきれないが、それでも治癒に向けて一歩一歩進めるための支えとなるのが希望であろう。

一つの極限的事例は、メンタルヘルスのケアである。自らの利益を判断する能力が疑われる患者のコミットメントが問われるからである。だが一九九〇年代には、権威的な治療ではなく、様々なアクターによる協力こそが基本的なパラダイムになったという。ある意味で、医療の世界にもガバナンス状況が到来したと言える。

アメリカの公衆衛生総監報告書は、患者の意思を尊重することを強調している。しかも医師と患者との力関係が変わるだけでなく、家族やソーシャルワーカーなど多元的なアクターが参画して、治癒というよりは社会生活への復帰（リカバリー）という、より多義的な目標を目指して、チームワークを形成することになる。まさにガバナンス状況である。チームワークがいかに機能するかについて、確実な道程が示されているわけではない。ただ、最も重要な要素は「ホープ」であると明記されている。[11]

実際に「希望」という言葉を当事者が使うかどうかは別として、希望と呼べる何かが人を動かす現象は、時代や地域を超えて見られるであろう。日本に政党が誕生した際、その一つであった立憲改進党が一八八二年三月十四日に発表した結党の趣意書には、「来レ我兄弟、来テ我政党ヲ結ヒ、以テ其冀望《きぼう》ヲ表明セヨ」と記されていた。自らの主張が敵対的な藩閥政府によって採用される保証がない状況で、「冀望」という言葉を使ったのである。

あるいは第4章で取り上げたように、明治時代に三宅雪嶺が野党を鼓舞する際に訴えかけた観念は、希望と呼んでよいものであろう。見渡す限り見えないゴールへのコミットメントを、説いていたからである。

とはいえ、「希望」という言葉が多用される時代というのはあるだろう。日本において、希望という主題が目に付くようになったのは、二〇〇〇年代に入ってのことである。村上龍の小説『希望の国のエクソダス』（二〇〇〇年）や、社会学者の山田昌弘による『希望格差社会』（二〇〇四年）にはじまり、ついには経団連ビジョン『希望の国、日本』（二〇〇七年）までが登場した。筆者も参加した東京大学社会科学研究所の希望学プロジェクトも二〇〇五年に開始されている。これに対し、ガバナンスという言葉は一九八〇年代頃から使われるようになったが、一種のブームとなったのは二〇〇〇年以降のことである。その意味でも、ガバナンスと希望という主題の登場には、何らかの結びつきがあるのかもしれない。

希望を持って世界に働きかける者は、多元的な因果の連鎖――それを自らが制御しつくしたり予測しつくしたりすることはできないのだが――を経て、自らの望む世界に近づく――そしてそれが自らの負担に値するものである――という蓋然性を認知している。もちろん、どうしたらそれを実現できるかという問いに対して、定石といえるような答えはない。働きかける上では自他の利益に訴えることが必要であり、その言説が公共性を獲得するためには、イデオロギーの力を借りることもあるかもしれない。この人は説得しなければ、という相手と意気投合できた時には、美徳や情念の遺伝子のようなものが共鳴しているのかもしれない。

希望が明晰かつ独立した概念として確立する見込みはないのかもしれない。ガバナンスと同様に、輪郭は不明瞭である。美徳や情念やイデオロギーや利益を使いつつ流されず使いこなすためには、文脈に応じて作法のようなものを達成しなければならない。だから、作法の成否の事例研究を繰り返すしかなく、それを繰り返しても希望の内容を定義できるわけではない。

だからガバナンスも希望も、無責任な謳歌に終わる危険は十分ある。ガバナンスの名の下に、住民がアウトソースされた行政負担を押し付けられたり、明確な責任主体なしに政治的な混乱や行政サービスの低下の被害を受けたりする可能性もある。こうした状況を正当化するために希望が喧伝されれば、それは嘘の増殖と希望の劣化を帰結するだろう。今我々が直面しているのは、このような問題である。

第7章　受益と負担の均衡を求めて——近現代日本の地域社会

希望の質を問うためには、検討の素材となる対象が広い方が良い。前章で述べた定型的な段階論——ガバナンスが現代の要請に応じた何かしら新奇なものだという前提——に一理あるかもしれないが、それでは現代の希望の質を問うことしかできない。

そうではなく、かなり昔からガバナンス状況だった国なり地域があれば、ガバナンスの質の変遷を長いスパンで問うことができる。そうすることで、ガバナンスや希望への過剰な期待や警戒とは異なる思考の準備ができるかもしれない。

実は、日本の地域社会はこれに適した素材なのである。なぜか。日本が近代国家を形成するためには、公的な機関が有する資源だけでは不十分であり、住民の自発的な協力を動員しなければならなかったからである。それは日本以外の多くの国でもあてはまるのではあるが、日本の地域社会については、明治地方自治制の下で公的な権限や責任を付与された行政村の資源が特に乏しかった。そのため、行政サービスを、公的な権限や責任を持たない集落が補完していた。ローカル・ガバナンス状況が、早い時期から観測できるのである。この状況において、負担と受益が均衡していたのか、していなければ何が起こったのか、を回顧しよう。

行政村と集落に関する研究は既に蓄積されている。ただしその性質上、地域固有の文脈へと細分化する傾向はある。こうした研究の助けを借りつつ、本章では第Ⅲ部で取り上げたような政党政治の発展との大きな連関を意識することで、地域社会を俯瞰する視点を持ちたいと思う。

したがって、政党政治史研究がもう一つの助けとなるのは言うまでもない。ただし政党政治史が地域社会を検討対象とする場合、利益政治の形成・確立という問題視角をとることがもっぱらであった。国の公共事業や補助金を地域社会へと媒介した政党の力や問題点を説明し、ひいては戦後の自民党長期政権の起源を論ずるためである。

今や利益政治が衰退しつつある中で、政治史が今後どのような問題視角を提示できるか、社会から問われるであろう。より研究に内在して考えても、政党政治における利益政治の発展と、地域社会に見られる住民の奔走や集落の資源放出とを、どう総合して叙述するかを問うべきである。本章ではそれを試みたつもりである。

主な検討対象は農村である。都市も必要に応じて言及するが、ガバナンスの質の変遷を問うためには、都市はまさに都市化の進展による存在性格の変化が大きすぎるため、主題とはしなかった。

i　早かった日本のガバナンス

明治地方自治制の成立

一八七一（明治四）年、明治新政府は廃藩置県を断行した。実現まで抵抗と紆余曲折があったが、統一国家を作るという要請が優越した。旧藩には県が置かれ、やがてその数は整理されていった。こうして導入された府県制は、内実を変えつつも今日の都道府県制にいたる。

しかし府県より下のレベルをいかに区分し、統治するかについては、試行錯誤の連続であった。それを象徴するのが、大区小区制である。一八七二年末から翌年にかけて、政府は府県を大区、大区を小区に分ける方針を打ち出した。大区・小区は元来、戸籍や地租改正作業のために多分に機械的に設置したものであったが、これが行政の単位とされたのである。だが超越的な仕組みであるだけに、地方ごとの慣行と裁量に依拠せざるをえず、大区・小区の長の呼び名すら一定しない有様であった。一八七八年に地方三新法が発せられ、そのうちの郡区町村編制法によって大区小区制は廃止され、基礎的な単位は町村に戻った。

こうした制度の混乱にもかかわらず、地域社会そのものに大きな混乱はなかった。近世の村は転封・改易や改革組合の設置といった統治者の変更を繰り返し経験しており、その都度、新しい統治者の登場とその境界に合わせた村連合を作ることで対応していた。官治の極致に見えた大区小区制であったが、村連合の新たな組み換えに吸収されて終わったのである。

村連合の組み換えが柔軟にできたのは、個々の村の自律性が高かったためである。村は年貢の納入に連帯して責任を持ち（村請制）、名主や庄屋は、金融・扶助機関としての役割を果たしていた。したがって、明治政府の施策が村請制の解体に及んだ時こそ、地域社会の混乱や危機を招いたのである。

地租改正によって土地所有と納税義務の主体が特定され、村請制は解体に向かう。村内の相互扶助を補完していた領主の御救機能は、廃藩置県によって消滅していた。農村の住民は、災害・凶作、そして新政府の統治に対して剝き出しでさらされたのである。

これらのうち、三つ目の災いに対してだけは、旧来の身分制原理が防壁になった。被統治身分たる領民は生産が職分であり、この意識に基づく限り、統治を分任する必要はなかった。政府の施策については、その成果の有無や大小ではなく、自らの再生産の観点から負担が許容範囲かどうかにのみ関心を持ち、いわば受け身に受容・抵抗することが、職分の体系においては許された。この職分による抵抗が侮れなかったことは、一揆について第1章で述べた通りである。

この原理が貫徹される限り、近代国家形成と殖産興業政策への地域社会からの協力の調達は困難であった。明治地方自治制は、このような危機と非協力に苦悩する過程で形成された。

その骨子は、府県・郡区・市町村の各段階において代議制を制度化する（地方によっては既に自主的に設置されていたが）ということであった。地方議会における予算と事業の議決を通じて、公民が施策に同意しており、その負担と受益が均衡しているという擬制を成立させるためである。本書の「はじめに」で言及したフィクションという言葉を想起するならば、近代日本の地域社会における受益と負担の均衡は、事実としてではなく、高度にフィクションとして提示されたといえよう。

地方三新法のうち府県会規則・地方税規則によって、府県会が制度化された。そして、一八八八年公布の市制・町村制によって市会・町村会が制度化された。

村という単位にも変化が加えられた。一八八四年から連合戸長役場の設置が推進された。一つの役場が複数の村を管轄することで、かつての村役場と住民との対応関係が切断された。さらに市制・町村制の実施(一八八九年)に向けて、大規模な町村合併が断行された。これまでの村の連合ではなく、身分制を清算した均質な単位を創出するという必要性に基づいてのことであった。これまでの村(自然村)を以下では集落と呼び、新しい村を行政村または単に村と呼ぶ。

一八八九年発布の大日本帝国憲法が国会開設を謳ったことを経て、一八九〇年の府県制・郡制によって明治地方自治制はその全貌を現した。[12]

集落機能の残存

だが、負担と受益の均衡はあくまで擬制に過ぎなかった。府県・郡は均衡を実質化させるだけの行政サービスを提供することができず、業務負担の一部を町村に転嫁した。ところが町村長や主な吏員は、町村制においては原則として無給の名誉職であった。これらの役職を地方名望家に占めさせ、民権派の進出を抑制するというのが、山県有朋内務大臣の意図であった。しかしこれは、そもそも村政の要たる村役場において負担と受益が均衡しないということであり、長期的な行政サービスの提供に問題をかかえていた。

この間隙を埋めたのが、集落であった。町村制は、町村内に区を設けるという形で旧村が機能する余地を認めていた。だが区会は区の財産・造営物の管理に与《あずか》るのみであり、その執行は町村長が行う建前であったし、区長は町村長を補佐するのであって、区を代表するのではないことが明記されていた。このように、町村合併によって公的な資格を剝奪されたはずの集落が、しかし行政村の資源不足を背景に、「ありあわせの地方行政組織」[13]として統治の相当部分を担う一種のガバナンス状況が、形成されたのである。

例えば日清戦争以前の五加村（長野県）では村の土木費・警備費は集落ごとに徴収・執行されており、それ以後も用水事業は集落を単位として遂行された。[14]また、集落の若衆・若連中は夜学のような形で実業教育を行い、あるいは砂防工事を無賃で行い、賃金を得た場合は夜学の資金に回すといった活動に従事した。[15]

行政村という仕組みは、公式に有する権限や責任と、実態としての集落への依存とが矛盾するという意味で、早くから嘘を含んでいたといえよう。

行政村は、日清戦争（一八九四～九五年）前後から定着の傾向を示す。日清戦争後の行政需要の拡大などにより行政の単位としての役割を大きくした上に、郡役所や一部の地方名望家が、村内の集落間の対立を調停することに自らの役割を見出すことがあったため、政治の単位としてもこれまで以上に認知されたのである。[16]

行政村の相対的な安定は、しかし国政の安定を必ずしも意味しなかった。自由民権運動の流れを汲む自由党と立憲改進党、特に後者は、地租軽減を主張することで、二十世紀初頭まで藩閥政府と断続的に衝突した。地租軽減論は、地価修正、監獄費国庫支弁、鉄道敷設といったより直接的な利益を前にして分裂や動揺を来しつつも、民力休養政策としてのイデオロギー上の正統性を長く享受した。その背景には、政府からの一定の自律性を有する「一流名望家」による安定的な支持があったという可能性が指摘されている。[17] 国政における対立軸の形成と地域社会における秩序の維持は、このような地方名望家を媒介にして両立していたといえよう。

しかも行政村の定着の度合いは地域によって大きく異なる上に、定着したとしてもそれは集落の無意味化を帰結しなかった。集落は自律性・割拠性を根強く残すとともに、行政の末端機能を担わされ続けたのである。

地方改良運動

受益と負担の均衡という擬制の虚構性を極大化したのが、日露戦争（一九〇四〜〇五年）であった。日露戦争は莫大な戦費の支出と増税を伴いつつ賠償金を獲得できずに終わり、戦後財政は逼迫した。

町村の担税力の強化が、重要な政策課題となった。内務省は、集落の林野・神社の町村への統合と、町村の発展に尽力する篤志家の奨励・表彰を中核とする、地方改良運動を展開した。行政村への集中という建前の現実化を求めつつ、これと矛盾するガバナンス状況の徹底をも求めたのである。これを横着な嘘と呼んではいけないだろうか。受益と負担の均衡というフィクションを維持する努力が事実上放棄され、受益の展望なき負担が、国家的要請として公式化されたといえよう。

やはり村内の統合に活躍する地方名望家とともに、より下級の耕作地主や自作上層からも、農会・青年会・自治会・小学校などの諸団体の役職に就き、村民の組織化を推進する指導者が現れた[18]。篤志家の観念は、村政に奔走する担い手が地方名望家よりも下の層にまで広がったことを反映していたのである。

一九〇五年には二宮尊徳を師表と仰ぐ報徳会が内務省関係者を中心に創設されており、機関誌『斯民』を中心に、篤志家の奮闘と成功を称賛する言説が大量に生産された。その一端を、この第Ⅳ部の導入にて披露したのである。そこに、地域住民に対するガバナンスの押し付けを読み込むことは可能であろう。

それより低所得の層も、もちろん無事ではなかった。村政に参画しないとしても、小作料や税や生活に追われる者が多かった。

長塚節の『土』は、農村の実相を描いた日本に稀有な小説といわれる。作中人物はひもじくはあったが、常時、餓死と隣り合わせに生きたわけではない。虚栄や性欲や横着が占める余地は十二分にあった。ただ生活のための労働に追われ、時間に追われ、それでも生活は楽にならなかった。漱石はこの小説が読みづらいと述べた上で、その真意をこう記した。[19]

余の所謂読みづらいといふ本意は、篇中の人物の心なり行なりが、たゞ圧迫と不安と苦痛を読者に与へる丈《だけ》で、毫《ごう》も神の作つてくれた幸福な人間であるといふ刺戟と安慰を与へ得ないからである。悲劇は恐しいに違ない。けれども普通の悲劇のうちには悲しい以外に何かの償ひがあるので、読者は涙の犠牲を喜こぶのである。が、「土」に至つては涙さへ出されない苦しさである。

『土』の政治史的意義は、均衡の不在の風景を、篤志家ならぬただの貧農一般にも見出した点にあろう。

ii　二つの反作用――受益の要求噴出と負担の合理化

地方利益運動

ここまで拡大した負担は、反作用なしではすまなかった。二つの系列で理解することができる。第一の反作用は、地方利益要求の積極化である。

受益の展望なき住民負担を地方改良運動が求める以上、地元負担を超えた補助を求める地方利益運動を原理的に拒絶するのは難しかった。相反する事象とはいえ、どちらも受益と負担の等式が否定されたことの帰結である。

担い手に即して考えても、二つの運動は表裏一体であった。

現に地方改良運動の統合志向がしばしば集落間対立を激化させたため、村内では、例えば道路工事と小学校の設置といった「利益交換」による調停が定石化した。[20] 村政の担い手が、当然に調停を担った。また、地域のために尽力する篤志家層は、他地域との補助金や公共工事の獲得競争に奔走する実践家集団でもあった。比井崎村の湯川村長が、滅私奉公と利益獲得を堂々と両立させたことを想起されたい。

地方改良運動当時、その内部的批判者であり、優れた農政官僚でもあった柳田國男が後年、高名な『明治大正史世相篇』において以下のように記した時、自己犠牲がいつの間にか利益要求につながる逆説を意識していたはずである。[21]

人の犠牲の尊さが感じられるのは、個々の自然の力だけでは競争に勝ちうる見込みの立たぬ場合であって、ちょうど家貧しゅうして孝子現るという諺《ことわざ》の通りであった。その代わりには団結そのものの孤立は、何としても忍ばなければならなかった。あるいはできるだけこの互いの相頼るの念を鞏固《きょうこ》にし、また持続させるために、わざと必要もない強敵を残しておくようなこともあった。しいて周囲の利害の抵触するものだけを問題にして、外に対する不信用を大きく説くような場合もないではなかった。ことに自ら推薦する頭領たちの雄弁は、通例は最もこの点に力を傾けようとするのであった。

地方の小さな要求の、国の政治を累わすようになった起こりは、たいていは仲に立って一部の関係者に親切を尽くそうとする者が、同時に彼らの割拠を便とするからであった。

負担なき受益を要求するにしても、何らかの形で正当化する必要があった。地域社会からの利益要求は、これまで以上に、国家全体のためになることを強調しなければならなかった。地方改良運動が展開された時期について、非国家的利益が噴出したと位置づける研究と、国家的利益が高唱されたと論ずる研究とがあるが、二つの事象は矛盾しなかったのである。

憲政党（自由党系）が伊藤博文を擁立することで一九〇〇年に結成された立憲政友会は、日露戦争後には、一方では藩閥から「国家的政党」と認知されて政権に参画し、他方では与党の地位を活用して地方利益に応え、党勢を拡張することの間に好循環を成立させた。そしてこの政友会と、陸軍長州派を基盤とする桂太郎とが政権を授受する桂園体制によって、明治憲法体制は初めて安定的に運用されるに至ったのである。

鉄道・港湾、そして道路といった交通網の整備は国家的利益に関連づけやすいので、非国家的利益のより露骨な噴出を見る上では、さしあたり当該の農村にしか利益を与えない、土地改良事業を取り上げるのがよかろう。[22]

一八八〇年に遡ると、当時、財政が逼迫していた政府は、太政官布告第四八号によって府県土木工事への国庫補助を原則として廃止した。災害土木への国庫補助はなお認め、しかも復旧のみならず改良工事も事実上認めることで、広く治水工事への補助機能は残した。ただし、これには限界があった。農業用水については、私的性格が強いとして補助に消極的であったのである。一八九九年の災害土木費国庫補助規定において、この方針が制度化された。

ところが、日露戦争期からは農業用水事業への補助が認められた。報徳会の中心地であった静岡県は、これに応えて土地改良に邁進するはずであった。元来、静岡県は報徳運動の指導者の活躍により、石川県と並ぶ耕地整理の先進県でもあった。だが日露戦争後、事業数は増加したものの、それぞれに小規模で相互の連携が弱かった。それどころか、広く治水・道路を含む土木事業一般について、直接受益しない集落が地元負担に参加しないために、県の補助率が高止まりしていることが問題化していく。柳田のいう「小さな要求」が「割拠」する典型だったのである。李家隆介知事が訓示において「人の懐中を当てにして居る様な事では、到底自ら進んで農業の発達を図る能力が無いものと見なければならぬ。却つて奨励金を受けるなどといふことは、不名誉なことである」と極言し、それが『斯民』に掲載されたことは（第二編第一〇号、一九〇八年一月）、地方改良運動の推進が補助要求の拡大と伴走していたことを象徴している。

生活改善運動

第二の反作用は、負担の合理化である。

第一次世界大戦（一九一四～一八年）中の好景気は生活水準の向上を促し、かつ戦後には景気後退が予想された。国民に生活水準の抑制を受容させることが、再び政策課題となったのである。しかも、一九二四（大正十三）年には市部人口が二割を占める状況であり、増大する都市生活者の生活の合理化が急務とみなされた。

これらを見越して文部省が開始した生活改善運動は、国民の自発的努力を促す点では地方改良運動を継承しつつも、農村的美徳の称揚ではなく、各家庭の生活の都市化・西洋化による虚礼廃止・支出節減に力点を置き換えるものであった。同時期、内務省の民力涵養運動が講演活動や節米・代用食の奨励にとどまったのに対し、生活改善運動は、東京教育博物館長の棚橋源太郎や文部省普通学務局第四課の乗杉嘉寿らが主導して新しいライフスタイルを可視化する展覧会を行うなどして、社会の耳目を集めることに成功していた[23]。

再び柳田の『明治大正史世相篇』に戻るならば、その最終章のタイトルは「生活改善の目標」であった。そこではこう説いている[24]。

改革は期して待つべきである。一番大きな誤解は人間の痴愚軽慮、それに原因をもつ闘諍《とうそう》と窮苦とが、個々の偶然であって防止のできぬもののごとく、考えられていることではないかと思う。

それは前代以来のまだ立証せられざる当て推量であった。われわれの考えてみた幾つかの世相は、人を不幸にする原因の社会にあることを教えた。すなわちわれわれは公民として病みかつ貧しいのであった。

柳田は、幸福や不幸は、英雄の人為で招いたり切断したりできるものではないと考える。幸福や不幸への因果は、右の引用にあるように、生活する者の目に映ずる世相から読みとれるはずである。その意味での科学的な方法を掲げた柳田の民俗学の成立が、生活改善運動への一定の期待と重なっていることは、既に指摘されている。[25] そしてそれは、地方改良運動に含まれていたヒロイックな負担の奨励への批判に淵源するものであったといえよう。

柳田本人は都市化に警戒的であったが、モデルとしての都市生活は、いやおうなく農村に浸透した。そのことが、農村における受益と負担の均衡への関心を先鋭化させた。第一次大戦後には、小作争議が急増する。初期には小作人が都市労働市場での雇用拡大に勢いを得て小作地を返還する農地返還戦術が目立ち、やがて小作人にかえて日雇に耕作させた場合の損益を地主に示す計算書戦術が主流となった。これらの戦術は、都市化の影響によって均衡への関心が強まり、均衡点を都市の賃金との比較によって数字で明示できるようになったことを背景としている。

当然ながら小作争議は、農村と都市の税負担の均衡への関心をも強めた。帝国農会幹事の山崎延吉は小作争議が「農民が経済的に醒《さ》めたる結果である」と強調した上で、「農民を経済的に考へず、又た彼等を経済的有利に導かぬ政策、政略、政治は、労して効なきものであるを断言するのである」と宣言した。[26]

税負担の不均衡が顕著であったのは国税よりも地方税においてであった。そこで一九二二年六月十五日、政府の臨時財政経済調査会の特別委員会は、画期的な税制整理案を決定した。地租・営業税を地方に委譲し、農村地域において階層を超えて重い負担となっていた戸数割を大きく減額することを提唱したのである。国税の減収は、所得税およびそれを補完すべく創設される一般財産税を中心に補うという案であり、この財産税も、所得累進性によって社会政策的な機能を果たすことが期待されていた。特別委員会案は調査会全体の成案とはならなかったものの、両税委譲論は同年末には政友会の党議として採用され、戦間期の有力な政策潮流となったのである。

もっとも、一九二〇年代半ばから三〇年代はじめにかけては、政友会に対抗する憲政会、その後身の立憲民政党がより長く政権を占め、財界主流とともに緊縮財政・金輸出解禁を推進したため、両税の委譲は実現しなかった。[27]また、財産税の立案を先導した財政学者神戸《かんべ》正雄も、奢侈《しゃし》の抑制や節約・克己を重視していた。[28]財政・国際収支の均衡回復の要請が強かった戦間期においては、国民の受益・負担の均衡も厳格に求められたのである。

憲政会・民政党系（進歩党系）も、その集票手段は政友会と同様、もっぱら地域社会への利益誘導であったが、大蔵官僚出身者を中心とする政策サロンの緊縮志向を尊重する党内秩序が成立していたことは、第5章で述べた通りである。第5章では、この党内秩序を成り立たせた指導者の足跡を描いた。章末において、支持基盤への進撃を再開せよと述べたのは、利益誘導と緊縮志向が両立する理由を特定の指導者だけにではなく、社会的・経済的な基盤に求める意欲を示すものであった。本章の考察が正しければ、地域社会は対外的に利益要求を表出する点では政党の利益誘導に即応していた。他方で、内的な集団的規律づけが節倹の受容に寄与する点では、憲政会・民政党系の政策サロンの緊縮志向に親和的であった。地域社会の両義的な機能が、憲政会・民政党の緊張をはらんだ構造を基礎づけていたのではないだろうか。

現に集落内の共通規範は、小作料の相場やあるべき地主・小作関係についても、強い規定力を有していた。石黒忠篤《ただあつ》ら農政官僚はこの規定力を活用し、小作委員会による地主・小作関係の改編に協約的な効力を持たせることで争議を解決していった。こうしたことは、政策当局が集落の持つ統合機能を認めざるをえなくなった状況を象徴している。[29] 明治地方自治制にまつわる嘘を糊塗する意欲を、失いつつあったともいえるであろう。

iii　集落――動員・民主化・再動員の単位として

動員の単位としての集落

一九二七（昭和二）年の金融恐慌を皮切りに昭和恐慌の時代を迎えると、農村は深刻な不景気に見舞われた。これに対して政府が様々な救済事業を展開する中で、地方の中央への財政的依存が強まるとともに、国・府県の補助の窓口として、行政村の役割は増大した。とはいえこの時期の統治には、かつての地方改良運動のように行政村の特権的な地位に固執する余裕はなく、事業主体を柔軟に設定する必要に迫られた。今度は、行政村への集中というフィクションを維持するのが困難になったのである。

農山漁村経済更生事業は、農村への様々な施策や運動を単一の枠組みに統合した。一九三二年から四一年の終了までに全国のおよそ八割の農村が更生運動参加村に指定され、何らかの形で参加した。生産性の向上が目指されたが、資源が一層限られているため、生産力向上の突破口は指導力に求められた。産業組合が強化されたが、指導者は地方改良運動の際よりも若く、小作人も含まれ、教育水準が高かった。[30] 恐慌期には耕作収入の確実性が都市賃金に優越するようになり、小作争議では地主が農地返還を要求することで攻勢に立つようになっていた。小作人が指導者層に進出したのは恐らく階級的立場が向上したからというよりは、その小作人が生産拡大に寄与する指導者とみなされたからであろう。

基礎的な実行組織として最も重視されたのは、やはり集落であった。もっとも、集落の自律性が強い「部落連合村」では集落の発言力が強かったが、行政村が確立している「模範村」では行政村を中心に事業が行われ、集落間の対立が激しい「難治村」では県が介入するなど、地域による偏差は大きかった。[31]

農地調整法などの非常時農地立法を執行するために、政府は行政村に農地を取得したり貸し付けたりする権能を与え、村単位で農地委員会が設置し、小作関係の調整にあたらせた。他方で、委員会の調整力を強めるためには、農事実行組合を村内にくまなく存在させることが望ましかった。組合の規模は二〇〜四〇戸が望ましいという経験則が形成され、集落がその規模に妥当する場合もあれば、大きすぎてかえって阻害要因となる場合もあった。[32]

　これらの状況を指して、行政村主導か集落主導かを論ずるのは、生産的ではないであろう。しかし基本的な傾向としては、政策対象は経済生活の実質的な単位を求めて集落、そしてより小規模な集団や個人へと下降し、計画・節約・積立への要請が末端にまで普及していった。

　一九三七年七月に日中戦争が勃発し、長期戦化する中、内務省地方局は集落に法的地位を与える「農村自治制度改革案」を提案している。当時、地方局振興課長であった木村清司は『斯民』に寄稿し（第三三編第七号、一九三八年）、「支那事変は長期戦形態に入り、国力を挙げて戦ふ経済戦と為つた」という戦争認識に基づき、かつ「市町村は極端に謂ふならば一種の費用負担団体化してゐる」という町村批判を前提に、「最小自治団体」を活用することを説いた。万事に見返りを求める「資本主義経済組織」を克服し、人々の滅私奉公を引き出すためである。

> 自治の昂揚の基礎を為す「去私奉公」の精神を涵養《かんよう》する為には、奉仕労働が極めて適切なるものと考へらるる。資本主義経済組織に於ては凡《すべ》て報償が行動の基準であり、報償の無き労働の如きは考へられないのである。

依つて部落、町内会等、市町村内最小自治団体を基礎として、労働奉仕班の結成強化を勧奨し、其の活動を計ることは真の自治精神の涵養と為るのである。

なぜ「最小自治団体」からは負担を引き出せるのか。内務省事務官の吉岡恵一がやはり『斯民』に掲載した「「部落」――町村制度改正の一資料」が説くところでは(第三三編第一一号、一九三八年)、住民の自発によって活動の単位となっているのであるから、それを単位として認めること自体から受益が発生するためである。

又負担の増加が仮令《たとい》あるとしても、部落民の真の自由意思に出た受益的なものであれば何ら排斥すべきものではなく、強制的分子が加味さるる場合に始めて負担の過重が云々さるべきである。

この議論にすり替えはある。負担するなら集落単位で、ということと、喜んで負担する、ということとは同じではない。それでも集落を不自然に無視するよりはましであり、「強制的分子」が露見するまでは住民に一定の満足を与えられる、ということであろう。

集落に法的地位を与えることはこの時実現しなかった。だが、実態として「最小自治団体」が詮索され、動員されたことは前述の通りである。

受益と負担の均衡は平和と自由の生命線だった

日中戦争を国内外で正当化するためには、大義名分が必要であった。一九三八年十一月三日に日本政府が発した第二次近衛声明は、東亜新秩序の建設を標榜した。十二月二十二日の第三次近衛声明は、日中関係調整の方針として善隣友好、共同防共、経済提携を掲げ、日中の対等と中国主権の尊重とを謳った上に、「日本の支那に求むるものが区々たる領土に非ず、又戦費の賠償に非ざることは自ら明かである」「進んで支那の独立完成の為に必要とする治外法権を撤廃し且つ租界の返還に対して積極的なる考慮を払ふに吝《やぶさか》ならざるものである」とまで述べた。賠償や領土を目的とせず、治外法権撤廃や租界返還を積極的に考慮するというのは、和平の模索のための大義名分でもあった。

大義名分では戦争は終わらず、いわゆる泥沼化した。そうなると、平和と言おうが新秩序と言おうが、およそ国際的な大義名分はさておき、あくまで国民の利害に照らして戦争をやめるべきだというレトリックが登場する。立憲民政党の斎藤隆夫の演説はその一つである。

本書のはじめに紹介した一九四〇年二月二日の斎藤の「反軍演説」が行われたのは、この文脈においてであった。

斎藤は、賠償も領土も求めないと称する戦争に国民が堪えられるか、疑義を呈する。この部分は、当時の議事録でも公開された。ところが斎藤はそこから進み、「羊ノ正義論ハ狼ノ前ニハ三文ノ値打モナイ」「吾々ハ偽善ヲ排斥スル」「吾々ガ国家競争ニ向フニ当リマシテハ、徹頭徹尾自国本位デアラネバナラヌ」と露悪的なことばかり述べ立てる。そしてこう続けた。

此ノ現実ヲ無視シテ、唯徒ニ聖戦ノ美名ニ隠レテ、国民的犠牲ヲ閑却シ、曰ク国際正義、曰ク道義外交、曰ク共存共栄、曰ク世界ノ平和、斯ノ如キ雲ヲ掴ムヤウナ文字ヲ並べ立テテ、サウシテ千載一遇ノ機会ヲ逸シ、国家百年ノ大計ヲ誤ルヤウナコトガアリマシタナラバ……

〔小田栄君「要点ヲ言ヘ、要点ヲ」ト呼ヒ其ノ他発言スル者多シ〕

○議長（小山松寿君）静粛ニ願ヒマス、小田君ニ注意致シマス

○斎藤隆夫君（続）現在ノ政治家ハ死シテモ其ノ罪ヲ滅ボスコトハ出来ナイ

東亜新秩序は愚か、国際的理念としての平和すら棚上げにした斎藤は、国民の負担の抑制という観点からのみ和平を求めて見せた。米内《よない》光政首相の応答は、リップサーヴィスとしてすら不十分であった。

政府ハ東亜新秩序建設ノ使命ヲ全ウセンガ為ニ、鞏固ナル決意ノ下ニ手段ヲ尽シテ断固時局ノ解決ヲ期シテ居ル次第デアリマス、此ノ興亜ノ大事業ヲ完成致シマスル為ニハ、労務、物資、資金ノ各方面ニ亘リマシテ、戦時体制ヲ強化整備致シマシテ、国家ノ総力ヲ挙ゲテ、本問題処理ノ為ニ綜合集中スルコトガ肝要デアリマシテ、是ガ為ニ真ニ挙国一致、不抜ノ信念ニ基キマス国民ノ

理解ト協力トヲ得ルコトガ必要デアルト存ズルノデアリマス（拍手）

斎藤が危惧していたことを隠そうともしなかったのである。そして斎藤は衆議院の議決によって議員を除名されただけでなく、以上の引用全てを含む演説の後半部分は議長により議事録から削除された。

一九四一年十二月、日本は米英との戦争に突入した。戦局が悪化し、所期の生産が達成されなくなると、国民のさらなる奮起を求める発言が政府側から相次ぐ。例えば岸信介商工大臣は、原材料や機械設備や運輸力といった「他の要素が均衡を取つて配置される」ことが必要だと認めつつも、その欠陥を補うためには精神主義が肝心だと鼓舞した（岸「産業戦士の使命」『東京朝日新聞』一九四二年十一月八日）。

これらの問題を解決するのには何といつても、この重大時局を各人一人々々が認識して、ハンマーを持つものも、ことごとくがその場を戦場と考へて第一線の将兵と同じ気持で、戦争だといふ意識のもとに、生産に従ふ必要があり、また工場を管理するものも、あるひは工場を指導するものも、ことごとくがその気持で、戦時生産といふ一つの目標のもとに行はれる必要があると思ふ

そして原材料については、「大東亜における重要資源がことごとくわれ〳〵の手に掌握されるこ

とになつた」と保証した。

こうした言説に痛烈な反撃を試みる者がいた。かつて安達派の猛者であった中野正剛は、安達と立憲民政党を脱党した後にナチス・ドイツに触発された政党を作ったがふるわなかった。中野の議論は情熱的かつ冗漫なため解釈が容易ではない面があるが、主に民族精神の高揚という要請からヒトラーにシンパシーを抱き、この高揚を妨げる限りで官僚主義や経済統制に警戒的であったということができる。戦時下、東条英機政権との対決色を強めつつあった中野は、一九四二年十一月十日に母校、早稲田大学の大隈講堂で二時間を超える大演説「天下一人を以て興る」を行った(『東大陸』第二〇巻第一二号、一九四二年十二月、第二一巻第一号、一九四三年一月)。

中野は当時、公表が許されていた情報を再構成することで、日本軍が既に南方で制空権を失っていることを指摘し、重要な戦場(ガダルカナル島)で苦戦していることを示唆した。岸が与えたような保証を論破したのである。

そこで国内態勢に話題を転じ、生産能率を挙げるためには命令するだけでは不十分であり、庶民の堅実な「自己採算」を認めるべきではないかと反問する。

此処に八百屋の爺さんがある。息子が兵隊に取られた。孫の手を引きながら営業を継続する。老の身に朝の暗がりから起上つて野菜を仕入れて来る。五円で仕入れた野菜を急速に必要なる場所に配給して八円の代金を手に入れる。それが営利主義か。それがユダヤ主義か。爺さんはその中から租税を納め、公債を買ひ孫を教育し、其孫が丁年に達すれば兵隊として御国に捧げ奉る。その出発に際しては軍歌にある通り死んで帰れと之を励ます。この人の行動は自己責任の採算で儲かるから営利主義であるか、ユダヤ主義であるかといふことになる。これを営利主義であり、ユダヤ主義であるといふその人達の考への中には、月給取でなければ、役人類似の者でなければ、経済に奉仕する者は皆ユダヤ主義であるといふ考にちかいものがありはせぬか。

民情を解さない官僚的な統制こそ、上意下達・阿諛追従《あゆついしょう》の悪しき「ユダヤ主義」であると断言する。母校の後輩に対して、「諸君は由緒あり歴史ある早稲田の大学生である。便乗はよしなさい。役人、準役人にはなりなさるな。歴史の動向と取り組みなさい。「天下一人を以て興る」諸君みな一人を以て興らうではないか」と呼びかけた。「生産拡充を絶叫する当局者の言辞がどうやら怪しげに聞える」「その言動が精彩を失つて来たのはその確信が失はれて来たのではないか」と、欺瞞にも限界が近づきつつあると予言した上で、「天下悉く眠つて居るなら諸君起きようではないか。此の切迫せる世の中に、眠つて居るのもうすら眠りであろう」「諸君は自己に醒めよ。天下一人を以て興れ。これが私の親愛なる同学諸君に切望する所である」と締めくくった。学生たちは立ち上がり、「都の西北」の大合唱で報いたという。

この演説と、翌一九四三年初頭に朝日新聞に掲載した「戦時宰相論」とが東条の逆鱗に触れたといわれる。中野は四三年十月二十一日に憲兵に逮捕されて取調べを受け、釈放された後の二十七日に自宅で割腹自殺を遂げた。

私は、斎藤や中野の演説に納得してはいない。大きな意思決定は広大多端な影響を及ぼすので、それだけの視野と、イデオロギーや美徳・情念に訴える説得とを要する。国民の負担にだけ着目して片付くものではない。

だが同時代の文脈を意識すると、両者の演説に迫力を感じないわけにはいかない。総力戦による流血と動員が堪え難い水準に達した時、受益と負担の均衡への問いが、平和と自由の最後の防衛線となるのであろう。当時の日本政府は、これに抹消と弾圧で応えたのである。

恐慌、そして戦時動員という過酷で不条理な時代においては、負担の合理化はしばしば後退し、受益と負担の均衡はないがしろにされた。それを正当化する言説も横着を極め、消滅する気配すら漂わせた。しかし、最も負担できそうなところ――例えば集落――にやらせるという、負担の単位設定の合理化は進展したのである。

戦後の新生活運動

敗戦後には、戦中の動員はもちろんのこと、戦前の統治一般が抑圧的であったとして、激しい批判の対象となった。また、大規模な町村合併が行われ、明治以来の行政村よりも多くの集落が、新たな町村に包摂された。それでも、地域社会の資源を動員しようとする働きかけと、それに対する集落からのなんらかの反応、という構図は重要であり続けた。

働きかけとして、鳩山一郎内閣の提唱により推進されたのが、新生活運動であった[33]。推進機関として新生活運動協会が一九五五年に設立されたが、その初期の常任理事・理事には、民主党系の松村謙三や自由党系の坂田道太や根本龍太郎、静岡県の報徳運動に活躍した前歴を持つ緑風会の河井弥八から社会党右派の片山哲・三輪寿壮までもが網羅され、まさに超党派の運動であった。新憲法下の民主主義、生活の合理化に基づく経済自立、愛国心に基づく自主外交、といった戦後に噴出した様々な政治理念の担い手を創出しようとする思惑が、交錯していたからである。

新生活運動は啓発運動の色彩が強く、しかも戦前の官製運動の反省から、方法論をめぐる試行錯誤を繰り返したため、その効果について論ずるのは容易ではない。しかし、時期と課題に応じて担い手や活動の舞台を切り替えながら活動し続けた点では、検討に値するであろう。

一九六〇年代半ばまでの新生活運動は、公明選挙運動と連携したり、国土美化運動や花いっぱい運動を展開したりしたが、高度経済成長によるライフスタイルの変容の中で、次第に沈滞していった。

新生活運動はこれとは別に、農村においてより徹底した方法を追求した。行政指導に終わってはならないという問題意識から、集落レベルに焦点をあてて、当事者の話し合いによる運動の進展を図った。例えば、地域の家族が生活の改善について話し合う泊まり合い集会などを実践している。

しかし集落をターゲットにすると、集落に根強い「封建的な支配構造[34]」に直面し、成人男性の非協力に悩まされた。そこで、一九六〇年代に入ると啓蒙的な農業指導に転じたが、今度は、世帯主

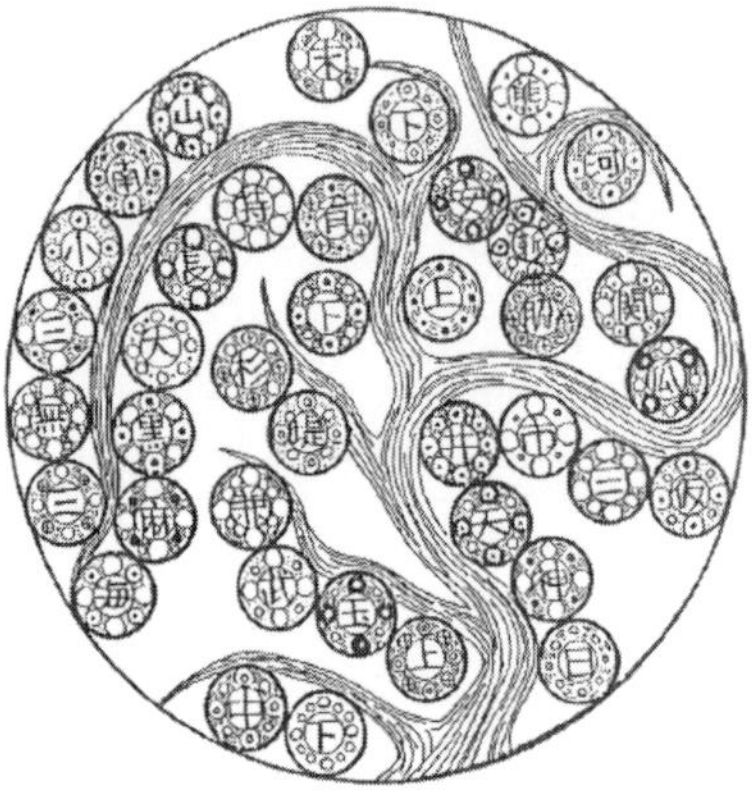

上中町「全町公園化構想」(1980年)
自然の恵み（川）と集落の束から成り立つ自治体を観念している

ではない女性・青年が排除される傾向があった。

高度経済成長は新生活運動の想定を超えて進展したが、それに対して運動側は、日常生活における人間性の回復を目標に掲げて活動を継続した。

一九七〇年代には都市ないしその近郊を中心に、もっぱら主婦による生活上の問題をめぐる討論・調査を喚起し、具体的なデータを踏まえた行政・企業との対話を促した。こうした活動は、「生活会議」という組織手法に結実し、救急病院の開設など、一定の成果を挙げることがあった。

都市部に注力した背景には、農村は古い共同体が強固なので運動の展開が困難であるという判断があった。しかし、中央・地方の格差拡大が問題化する中で、同様の手法を農村に持ち込んだ。例えば熊本県山鹿市の三玉地区の「生活会議」は、地域ぐるみで自然保護・環境整備に取り組み、県経済連の種豚場からの汚水が流入した際にも対応の中心となった。新生活運動協会などが主催する「あすの地域社会を築く住民活動賞」を一九七四年度に受賞している。

古い紐帯がまだ機能するからこそ、意思決定への住民参加を調達することがより容易であり、いざ決まれば強い実行力・団結力を発揮する。三玉地区の「生活会議」が成功した所以である。

苦痛を伴う節約や積立も、集落の民主化と並行させれば容易になるかもしれない。筆者が取り上げた、新生活運動モデル地区だった大鳥羽集落は、その典型であろう。この集落が所在する福井県の旧上中町（現若狭町）は、恃みとする製造業には恵まれず、原子力発電所を誘致する動きもあったが実現しなかった。そこで集落自治を発展させ、こうした集落の束として自らを発展させようとした。

大鳥羽集落では住民の年代ごとに「自主学級」を作らせ、奉仕活動や旅行の単位とし、年の近い夫婦が遠慮なく意見を言える関係を築かせた。妻を通じて各世帯の家事・家計を反映した議論が行われ、資金積立計画や集落公民館の間取りが決まっていく。

集落としての陳情事項は、集落の区長を通じて、戦前の鳥羽村、戦後の鳥羽小学校区に対応する鳥羽地区の公民館に設置された「生活会議」に持ち込まれた。そこで各集落の陳情事項の重要性が議論され、地区全体にとって意義があると認められたもののみが地区要望として町役場に持ち込まれた。個別の利益要求を淘汰し、町財政の悪化を防ぐ仕組みとして機能したといえよう[35]。

土地改良事業に見る負担と受益

この新生活運動は、地方改良運動以来、生活改善運動や経済力更生運動を通貫してきた主題――限られた資源の効率的な活用――を継承していた。それでは、これらの運動は、外部（国以下の上位機関）からの資源の獲得を志向する利益政治とは、対立的な系譜に立つのであろうか。既に指摘したように、そうとは限らないであろう。むしろ資源の獲得のためには、地元側の計画の具体性と負担の準備をアピールすることがしばしば有効であった。先に述べた大鳥羽集落はこの点にもきわめて自覚的であり、累次の振興五ヵ年計画によって積極的な積立を続けつつ、計画的に補助金を獲得した。負担の拡大と受益の拡大とは、交錯することもあれば対立することもある。両者の関係の変遷を理解することが重要であろう。

この点を、地方改良運動期でも取り上げた耕地整理に即して検討する。

戦後初期の、食糧増産が至上命題の時代には、開拓による農地の拡大が最優先であった。こうした時代が終わると、一九五〇年代以降、農地関係の土木事業の中心は、灌漑《かんがい》・排水や区画整理による既存農地の改良へと移行した。物価・米価が上昇する中、土地改良による生産性の向上が利益を生み、かつ負担金が実質的に減少していくことが期待できたため、そして言うまでもなく、農地改革により旧小作人が土地所有権者となり、増収が小作料の収奪なしに自らの利益となるため、農民は早期の着工に積極的であり、国庫補助金が得られない場合は補助金なしで着工することも多かった。

もちろん、地元合意や負担金徴収が円滑か否かをめぐる地域間格差はあった。実績の高い地域は、例えば清久島《せいきゅうじま》集落（茨城県稲敷郡東村十余島地区）の工事施工認可申請書が「耕作農民の熱意、即ち、同意の状況、区費の納入状況等を勘案し、厳選した地区で、国営十余島用水幹線の施行により、早急に区画整理工事を実施すれば、貴重な国費を費やした国営工事の恩恵を十二分に享受できるので施行せんとするものである」と述べるように、さらなる事業の着手を要求することができた。地域間格差の拡大再生産である[36]。その意味で、負担の受容が受益の拡大と並行していたといえる。

もっとも、食糧危機が終焉したにもかかわらず米価を上昇させ続けるためには、一九六一年の農業基本法が要請された。同法により政府は、農民の労働の対価として他産業並みの所得を認め、これに生産コストを加えて米の買い入れ価格を決定するようになった（生産費所得補償方式）。構造的には、受益が負担に先行するようになったといえよう。米価に、市場価格と乖離するという意味での作為が加わり、それが農村における自民党政権の支持調達手段ともなったのである。

ここで、食生活の西洋化により、米の消費量が急減した。一九六〇年代末には食糧管理会計の赤字が深刻化しており、六八年から米価が抑制され、七〇年からは減反政策が開始された。これにより、生産拡大へのインセンティブは失われた。機械化の進展で激増した第二種兼業農家を、土地改良事業へ合意させるのは困難であった。

これに対しては、従来通りの集落内の同調圧力や、負担金の軽減、工事後の宅地転用・売却益への期待などによって説得に努めるとともに、農業に直結しない道路・下水道整備を拡大することで農村への財政支出の規模を維持した。こうした農村への利益散布が、やはり自民党長期政権の重要な基盤となったのは周知のことである。

一九九三年末にＧＡＴＴ（関税及び貿易に関する一般協定）ウルグアイ・ラウンド交渉が合意に至り、九五年からミニマム・アクセス（最低輸入割当量）制度が導入された。これにより米輸入が強制され、米価維持策が解体された。米価は急落し、土地改良工事のインセンティブは完全に失われた。しかし不況からの打開策として公共事業は拡大したため、地元負担の軽減や道路・下水道整備がさらに推し進められた。そして今日、このような支出すら困難になっている。[37] 負担を大きく引き離したかに見えた受益が、急速に収縮しつつある。

前述の地域間格差の勝者が築き上げ、維持してきた設備の利用価値は、今や産業の衰退と人口減少によって低下しているのかもしれない。設備更新の負担を考えればなおさらである。逆に、地域間格差の敗者の住民の中に、居直って箪笥や口座に貯金を死蔵し、せいぜい目的の不明確なハコモノ（地域の状況が変わっても汎用性が高いということでもある）で満足している者がいたとすれば、その方が今は賢明に見えるのかもしれない。

かつて有吉佐和子は、『日本の島々、昔と今』を、北海道西岸の二つの小島から書き起こした。一つの島は先見の明をもって次世代の教育に投資し、教育された次世代は都会に流出して島は見る影もなくなった。もう一つの島はそのようなヴィジョンを欠いていたために、次世代が残って漁業を支えているという。[38] 同様の逆説が、より広い地域と多くの分野へと拡大しつつあるのかもしれない。

受益と負担の乖離がもたらすものは嘘ばかりではなく

なぜ今日、地域社会をめぐる嘘について考えなければならないのか。前章では世界史的な視野から説明したつもりである。

身分制社会においては、人は自らの身分が要請する美徳に駆られて、損得を超える献身に赴くことがあった。だが美徳は情念に転落する可能性があった。作法には、美徳を情念から峻別する機能があったが、そのためには身分を超えた客観性を持ってしまい、身分制社会の解体に一役買ってしまった。

近代国家において人々を鼓舞したのは利益とイデオロギーである。イデオロギーは世界についての普遍的な説明を提供することで人々を暴走させることがあったが、同じく人々が普遍的に感知するはずの利益との間の緊張を免れなかった。

近代国家にガバナンス状況が加味された今日、見通しの悪い、不確定な未来を目指したコミットメントへと人々を鼓舞する明確な原動力はなく、さしあたり希望と呼ぶしかない。とらえどころがないだけに、希望にはしたたかな力があり、美徳や情念の遺伝子を共鳴させて周囲を感動させたり挑発したり、イデオロギーや利益を駆使して協力を取り付けたりする場合がある。それは素晴らしいことを達成するが、とりとめもなく人々の遣り甲斐を搾取する可能性もある。その際に有用な嘘が、政治の光の下で吟味されないまま、社会の中で沈殿し、増殖する恐れがある。

したがって、ガバナンスや希望の質を吟味するための参考事例を大量かつ効率的に摂取することが、学問のさしあたりなすべきことなのであり、日本はその好ましい対象であった。

なぜならば本章によれば、近現代日本の特徴の一つは、国家形成の初めからガバナンス状況が顕著であったことにある。村請制では地域社会の資源を動員できないと見た明治政府は、自由民権運動と対峙していたにもかかわらず、国並びに地方の各レベルに議会を創設させた。自然村（集落）から超越して創出された行政村は、しかし地域の行政サービスの提供を十分に行うことができず、土木や教育など多くの事業負担を、公式の権限を欠いた集落や、多数が地方議会への選挙権を有していない若衆・若連中に委ねることになったのである。

地域改良運動は負担の増大、生活改善運動は負担の合理化に力点を置きつつ、ガバナンスの維持に努めた。恐慌・戦時期は負担が苛酷だからこそ、いかなる単位に負担を強いるかについての合理化が進行した。戦後の新生活運動は、これらの遺産の上で、高度経済成長以降の日本社会の激変に対応する柔軟性を獲得したのではないだろうか。

地方改良運動のような剝き出しの負担要求は、剝き出しの利益要求に市民権を与えた。だが、地元負担への合意がなければ、補助金獲得の競争でも後れを取りがちであった。受益が突出したのは、一九六〇年代からの特別な時代であった。このような時代はそれ以前においても以後においても、普遍的なものではない。

二十世紀の終わりに「ガバナンス」という言葉が使われる頃から、皮肉にもガバナンスにおける負担の側面が拡大しているように見える。そして、それが地域に対して持つ意味は、地方改良運動がそうであったように、多義的であろう。

例えば福井県、特にその嶺南地域は、原発立地自治体かそうでないかによって境遇が大きく異なる。前者の中には、敦賀のように財政的な順境の下、多目的会館「プラザ萬象」や公民館・保育園等の充実を享受してきた自治体が含まれる。[39] 福島原発事故を契機に財政環境が大きく揺らいでいるが、この状況に奮起して市民が活動しようとする時、そのインフラは比較的整っている。

非立地ないし準立地自治体は、近傍の立地自治体から雇用と人口を吸い取られてしまう不安を抱えてきた。それを危機感に転化した地域として、既に言及した旧上中町があり、大島羽集落をモデル地区にして他の集落にもこのモデルを波及させることで、地域振興を図ってきた。今日、集落の人口が減少する中で、このモデルをさらに強化しようとしているが、新たな負担感を招く可能性もある。

このような分岐は、嶺南地域に固有な、極端な事象かもしれない。現に、平成の大合併に際して、二〇〇四年の改正地方自治法によって自治体よりも下位の「地域自治区」が制度化された。これまでいわば日陰の立場からガバナンスを支えてきた旧村的な存在が、はじめて公式に「自治」の主体としての地位を認められたといえる。この制度を実施した新潟県上越市を見るに、吉川区のように、集落・行政村で積み上げた活動の実績を基盤に、新たな層の参加者を取り込みつつ、再活性化に成功する可能性を示している事例がある。[40]

しかし、嶺南地域の、しかもその一部から読み取れる極端な事象に、以下のような力学を――他の力学に妨げられて作動しないことがあるとしても――予告する意義があるのかもしれない。すなわち、住民の参画が不十分だった地域は、高度成長期の余剰を吐き出すことで、負担の増大に対応でき、ガバナンスへの要請に応えられるかもしれない。他方で、殊勝にも負担と受益の均衡を達成しており、ガバナンスの優等生だった地域が、これ以上吐き出す余剰を欠いた状態で負担の拡大を迫られる、というものである。もしそうであるとしたら、皮肉なことである。

現代日本の地方は、単に危機的というだけでなく、オセロゲームの終盤のように、白だったマスが大きく黒に、黒が大きく白に転換しかねない決定的な状況に差しかかっているのかもしれない。こうした状況に注意を喚起する契機になるのであれば、「ガバナンス」という言葉は有用といえよう。

本章は、ガバナンスや希望への過剰な期待とも警戒とも異なる思考を準備することを目指していた。地域社会の歴史を通観して確信するのは、負担の要請であれ受益の要求であれ、それが未来にもたらす帰結が実に多様で、しばしば事前の想定の裏をかくということである。中央・地方の政治から住民の個々の生活までを包含する重層的かつ長期的な影響関係は、世の政策や運動をとらえる短期的な視野では、補足しきれないのであろう。歴史を参考にした、因果関係への洞察が必要である。

受益と負担の均衡が達成されることは珍しく、均衡が損なわれればその裂け目から嘘が際限なく吐き出されてくるのであるが、嘘をついたり信じたりしている暇はない。強くそう思う。

注

1 トクヴィル（松本礼二訳）『アメリカのデモクラシー』（岩波文庫、二〇〇五年）第一巻上九頁。宇野重規『トクヴィル　平等と不平等の理論家』（講談社、二〇〇七年）五八頁。

2 ノルベルト・エリアス（赤井慧爾・中村元保・吉田正勝訳）『文明化の過程』（法政大学出版局、新装版二〇〇四年、初版一九七七年）上五七頁。

3 ノルベルト・エリアス（波田節夫他訳）『宮廷社会』（法政大学出版局、一九八一年）一五九、二二七頁。

4 前掲『文明化の過程』上一七五〜一八八頁。

5 ベネディクト・アンダーソン（白石さや・白石隆訳）増補版『想像の共同体――ナショナリズムの起源と流行』（NTT出版、一九九七年）。

6 レオ・シュトラウス（添谷育志・谷喬夫・飯島昇藏訳）『ホッブズの政治学』（みすず書房、一九九〇年）。

7 アルバート・ハーシュマン（佐々木毅・旦祐介訳）『情念の政治経済学』（法政大学出版局、一九八五年）。

8 ハンナ・アレント（大久保和郎・大島かおり・大島通義訳）『全体主義の起原』3（みすず書房、新版二〇一七年）七五〜七八頁、三〇三〜三一〇頁。

9 宇野重規「政治思想史におけるガバナンス」東京大学社会科学研究所・大沢真理・佐藤岩夫編『ガバナンスを問い直すI　越境する理論のゆくえ』（東京大学出版会、二〇一六年）。

10 エルンスト・ブロッホ（山下望他訳）『希望の原理』全六巻（白水社、二〇一二〜一三年）。特に第一巻（二〇一二年）三一三〜三二〇頁。

11 野中猛『心の病――回復への道』（岩波新書、二〇一二年）一八五頁。

12 明治地方自治制の形成とその意義に関する近年の研究として、松沢裕作『明治地方自治体制の起源——近世社会の危機と制度変容』（東京大学出版会、二〇〇九年）、同『町村合併から生まれた日本近代——明治の経験』（講談社選書メチエ、二〇一三年）が優れている。
13 齋藤仁『農業問題の展開と自治村落』（日本経済評論社、一九八九年）二四四頁。
14 大石嘉一郎・西田美昭編『近代日本の行政村——長野県埴科郡五加村の研究』（日本経済評論社、一九九一年）第一章第二節。
15 住友陽文『皇国日本のデモクラシー——個人創造の思想史』（有志舎、二〇一一年）第一章。
16 前掲『近代日本の行政村——長野県埴科郡五加村の研究』第一章第三節。
17 有泉貞夫『明治政治史の基礎過程——地方政治状況史論』（吉川弘文館、一九八〇年）第三章第二節。
18 筒井正夫「地方改良運動と農民」西田美昭、アン・ワズオ編『二〇世紀日本の農民と農村』（東京大学出版会、二〇〇六年）。
19 夏目漱石「「土」に就て」長塚節『土』（春陽堂、一九一二年）九〜一〇頁。
20 前掲『明治政治史の基礎過程——地方政治状況史論』。筒井正夫「紛糾する小学校問題と小山の『地方改良』」小山町編さん専門委員会編『小山町史　第八巻　近現代通史編』（小山町、一九九八年）。
21 柳田國男『明治大正史世相篇』（講談社学術文庫、一九七六年、初版一九三〇年）四一二頁。
22 長妻廣至『補助金の社会史——近代日本における成立過程』（人文書院、二〇〇一年）第二章および第八章。静岡県教育委員会編『静岡県史』資料編一八　近現代三（静岡県、一九九二年）二六二〜二六四頁、四二〇〜四二三頁。
23 平出裕子「生活の合理化運動」『日本歴史』七七〇（二〇一二年）。

24 前掲『明治大正史世相篇』四三五～四三六頁。
25 岩本通弥「家族をめぐる二つの生活改善運動――民力涵養運動と新生活運動」田中宣一編『暮らしの革命――戦後農村の生活改善事業と新生活運動』（農山漁村文化協会、二〇一一年）。
26 山崎延吉「経済的に醒めたる農民」『帝国農会報』一一―七、一九二一年。
27 以上、両税委譲問題については金澤史男「両税委譲論展開過程の研究――一九二〇年代における経済政策の特質」同『近代日本地方財政史研究』（日本経済評論社、二〇一〇年）。
28 佐藤健太郎『「平等」理念と政治――大正・昭和戦前期の税制改正と地域主義』（吉田書店、二〇一四年）二二一～二二四頁、六五～七〇頁。
29 庄司俊作『日本の村落と主体形成――協同と自治』（日本経済評論社、二〇一二年）八九～九二頁。
30 Smith, K., A Time of Crisis: Japan, the Great Depression, and Rural Revitalization, Harvard University Asia Center (Distributed by Harvard University Press), 2001.
31 坂口正彦「行政村の政策執行におけるコミュニティの存在形態」『社会経済史学』七八―二（二〇一二年）。
32 前掲『日本の村落と主体形成――協同と自治』第三章。
33 新生活運動については前掲『暮らしの革命――戦後農村の生活改善事業と新生活運動』に加え、大門正克編『新生活運動と日本の戦後――敗戦から一九七〇年代』（日本経済評論社、二〇一二年）の特に鬼嶋淳論文、菊池義輝論文、松田忍論文を参照した。
34 加藤千代三『推進と実践――地域運動の手引きⅡ』（新生活運動協会、一九六〇年）。
35 鳥羽地区・大鳥羽集落の事例については五百旗頭薫「人口・財政収縮時代の集落自治――福井県若狭町鳥羽地区の事例」ISS Discussion Paper Series, J-225, 2019.（https://jww.iss.u-tokyo.ac.jp/

publishments/dp/dpj/pdf/j-225.pdf)。

36 『昭和三二年度～三三年度定款変更・工事施工認可申請綴』。槇平龍宏「土地改良事業の展開と大規模稲作化」西田美昭・加瀬和俊編『高度経済成長期の農業問題――戦後自作農体制への挑戦と帰結』（日本経済評論社、二〇〇〇年）より。

37 戦後の土地改良事業について、加瀬和俊「戦後の土地改良事業と農民意識の変化」前掲『二〇世紀日本の農民と農村』が要を得ている。

38 有吉佐和子『日本の島々、昔と今』（岩波文庫、二〇〇九年、初版一九八一年）。

39 敦賀の発展戦略については、五百旗頭薫・佐藤健太郎・稲吉晃「港から原発へ――〝ロカロカ〟敦賀のガバナンス」宇野重規・五百旗頭薫編『ローカルからの再出発――日本と福井のガバナンス』（有斐閣、二〇一五年）を参照。

40 山崎仁朗・宗野隆俊編『地域自治の最前線　新潟県上越市の挑戦』（ナカニシヤ出版、二〇一三年）。

補章　一〇〇年後の日本――昆虫化日本越冬始末

自由民主主義に基づく国民国家は様々な脅威に直面しているが、なお世界で唯一、有望な体制モデルだと思う。これから一〇〇年、このモデルが生き延びると考えてみる。

一〇〇年前、第一次世界大戦がいくつかの帝国を滅ぼし、戦勝国の中の植民地帝国をも疲弊させた。それ以来このモデルは優勢となり、危機はあったものの、もっぱら行政の拡大と福祉の向上によって乗り越えてきた。だが今や行政と福祉の財源は乏しくなっている。

かわってAIが人々を助けるかもしれないが、消費を拡大するよりも効率化する作用が強く、経済成長を喚起するかどうかは未知数である。しかも行政や福祉と異なり、受益者に「誰かのおかげだ」と思わせる力だけはないので、特定のモデルの安定には寄与しないような気がする。

そして日本はこのモデルに挑戦的な国々に囲まれ、いち早く人口と財政の縮減に見舞われている。

それでも日本が生き延びるとしたら、どのようにしてであるか。

ひょっとしたら日本は昆虫化するのかもしれない。昆虫は脊椎《せきつい》を持たないかわりに、強固な外骨格で身を守る。同じように、日本という国家も外壁を強めることに主なリソースを割くという意味で。

この昆虫化のテーゼは、イオモドキ博士のちょっとした思い付きであった。

「あれだけいじめられていても官僚になろうという学生はいますね」

「しかし外務省、防衛省、警察が人気で、文科省や農水省や国土交通省には行きたがりません」

「外交・防衛・治安はもちろん大事だが、教育や農業やインフラこそ国の根幹では？」

と研究仲間が語り合うのを聞いて、まるで昆虫のようだと合点したのが始まりであった。

危機管理や危機対応が五月蠅《うるさ》く言われているが、これも外骨格の話ではないか。企業もアカウンタビリティとかコンプライアンスとか外向きのことばかり。内部留保というのも将来の危機に備えてのことだから、未来に向けた外骨格であり、内部充実とは違う。もっと研究開発や賃金に回さなければ、本当に備えたことにはなるまい。だが賃金に回しても、家計が将来の危機に備えるばかりで、消費や教育には回らないかもしれない。政党も選挙や危機対応には奔走するが、人を育てられないので危機発生は止められずにいる。

そもそも日本という巨体は、昆虫の構造で支えられるものだろうか。内部に骨格がないので、外骨格を厚く重くしなければならない。体内には血管系もなく、ただ一本、背中に走る背脈管《はいみゃくかん》が全身の血液を循環させているだけである。全ての臓器は、その血液の中にひたっている。酸素は体の両側の気門から入り、体内で拡散して直接、組織に届けられるので、体が大きいと効率が悪くなる。それに昆虫はすぐ死ぬ。地球上の種の半分を占めるほど繁栄しているというが、それは個体が短命で、進化のサイクルが早いからだ。

要するに「昆虫化」とは、一学者の警世に過ぎなかった。だが世間に肯定的な趣旨で広まったのは、ちょうどNHKが「NHKが国民を守る」キャンペーンとして巨費を投じて作成・無料配信したアニメ『迎撃の巨虫』において、昆虫に変身した隊員たちが甲殻類の横車を撃退したり、フカヒレを捕獲したりするのを見て、子供よりも大人が随喜したからである。あえて随喜しない、より多数の大人たちも、包囲下の東京大学安田講堂から宇宙に発信されたというメッセージ「冬来レリ。我等昆虫化シテ春ヲ待ツ」は何となく心に沁みた上に、これに応えて干潟星雲から来援したイナゴモドキ艦隊が関東の空を埋め尽くしたシーンには（モドキで良かった）、久々に胸がひらかれる心地がしたのであった。

これから一〇〇年の冬を越えるにあたって、寒さに最も強い生物は昆虫であることが思い出された。イラガの前蛹《ぜんよう》はマイナス二〇度まで凍らず、そのまま二〇〇日間凍っても復活し羽化もできると大昔にアサモドキ博士が指摘していたことが、今になって人々の嗜好に投じた。同博士の研究が、日米開戦（一九四一年十二月）の二週間前に開設された北海道大学低温科学研究所において始まったことも、得も言われぬ戦時レトロ感を醸した。

さらに漆塗りを固める酵素ラッカーゼが、昆虫の外骨格の硬化も触媒しており、昆虫に軽くて硬い体を与えたとツナモドキ博士が指摘すると、平時レトロ感にも事欠かなくなった。だがまさか昆虫を政策の参考に、少なくとも説明にしようという気分が政府内にまで広がるとは。その気分によれば、課題先進国なのだから歴史は先例にならない。昆虫を先例にして何が悪い。日本昆虫化推進室が内閣府に設置され、官房長官モドキの後ろ盾モドキを得て国政を壟断し始めた。

国政を壟断とは大げさな、と思われるかもしれない。だがアベモドキ政権以来、国政とは半ば、推進室を新設して政策の看板を掛け替えることであったから、日本昆虫化推進室が昆虫化とは何かを説明することもないまま、昆虫国家推進室、昆虫国家越冬推進室、昆虫国家越冬戦略推進室へと次々に脱皮する有様は、国政の壟断と称して何らさしつかえはないのであった。

財政が昆虫化することに有権者の意識が追いつけていなかった。今ある秩序を維持するのも大仕事でありお金がかかる、ということを国民はなかなか認めず、新味のある政策に×や△を付けるのが有権者であると心得ていたので、このような国政に壟断されて何らさしつかえはないのであった。

昆虫に血管系はない。これが口実となって道路網を維持する予算は最終的にカットされ、車両の走行に堪えなくなった。精妙な制御の下、超低空飛行するドローン「御来蛾《ごらいが》」が旧道上を疾駆し、乗り心地は好評であった。電柱・送電線の埋設予算もカットされたため、電柱より上をドローンが飛ぶことは、離着陸の接触リスクを高めるという理由から、長距離移動にしか認められなかった。本当の長距離移動であれば、背脈管がわりに新幹線がなお愛用された。結局は旧血管系に規定された交通となったのである。

自らの島を「蜻蛉《せいれい》」になぞらえたという神武天皇や雄略天皇にならって、日本列島の形状をトンボにたとえる旧習も復活した。あいかわらず尖閣が脅かされ、沖縄との溝が埋まらない中、トンボの腹を伸ばしすぎたと考える者も現れた。沖縄がアメリカ軍政下に留まっていれば、日本の安全保障も内政もどれだけ楽であったか想像し始めたのである。佐藤栄作が沖縄返還交渉にのめりこんだ経緯を批判的に再考したワカモドキ博士の『他策アリシヲ信ゼント欲ス』が刊行された時、即座に反論したのは蛇烏賊《じゃいか》協力機構ぐらいであり、大方は、史料がそう読めるならしかたないか、という反応であった。この時、日本人は戦後の国民統合に挫折したのである。

それでも、ひとたび無茶ぶりに味をしめた雑誌『アスティオン』が、「昆虫化の一〇〇年後」というテーマで原稿を募ると、多くの寄稿者が、昆虫化した日本が防御的・退嬰《たいえい》的になることへの危惧を表明した。少なくともグローバル化やAI・ロボット化に後ろ向きではいけない。後ろ向きの政党と前向きの政党が争うという構図も、前者の勝利を導きかねず危ういと政治学者は論じた。前向きと後ろ向きの異なる組み合わせで競う、つまり適度に積極的で適度に慎重な政党が競い合うのが良い、と。

そこで政党の分類の指標になったのも、実は昆虫であった。

越冬時の最大の危機は、凍結によって細胞組織が破壊されることである。氷は、ただ水が凍ってできるのではない。水とは異なる、ある種の微細物質が触媒となって水分子が集まり、氷核を作るところから始まる。

ハチや甲虫のような耐凍型は、血液内の氷核形成タンパク質ＩＮＰｓ（ice nucleating proteins）にマイナス五度ぐらいから氷核を作らせ、凍り始める。もちろん凍ると活動は停止する。だがそれは死を意味しない。細胞外の血液が凍ると、細胞内の水分も細胞膜を通って氷に加わるため、さらに温度が下がった時には細胞内に水分はなく、凍らない。細胞の組織が氷によって破壊されることがないので、寒さが緩めば復活できるのである。

これに対し厳寒でも活動する非耐凍型（防凍型）がある。ガガンボやカワゲラの中にはマイナス一〇度でも活動する種がある。畑の害虫や、冬に飛ぶガやハエ、樹皮の裏で寒さをしのぐ幼虫の類にも多い。これらの虫は、凍らずに暖かい場所へと移動できる。その理由については、体内の不凍タンパク質ＴＨＰｓ（thermal hysteresis proteins）が氷核形成物質にとりつき、氷核の形成を妨げるのではないかといわれている。そのかわり、いざ凍るとすぐ死ぬ種が多い。

「虫に教わって政界再編とは！」。諸政党は憤慨も抵抗もしたが、結局はこの二つの路線に沿って政党ブロックを作った。それぞれのドクトリンに、一定の合理性があったからである。

ＩＮＰｓ（いいね日本！政党連合 Iine! Nippon Parties）の構想はこうである。グローバル化に対しては、国土・産業を概念上「特区」と「細胞」に分け、特区（都市部、及び一般の産業）には外国人とその資本を誘致する一方、細胞（地方、及び軍事転用可能な技術やエネルギー産業）では外国人による不動産の購入と投資を制限する。ＡＩ・ロボット化については、定型労働や非定型の肉体労働はAIによるロボット化を推奨する一方で、非定型の知的労働への進出は厳しく制限する。耐凍型昆虫が細胞外の凍結を認めるように、特区をグローバル化に、定型労働や非定型の肉体労働をAI・ロボット化に委ねるのである。

これに対抗するTHPs（跳べ！羽ばたけ！諸国民 Tobe! Habatake! Peoples）の構想はこうである。グローバル化もAI・ロボット化も、強力な監視と徴税の態勢を構築した上で全面的に認め、そこで得た税収から人々にベーシックインカムを支給する。

いかんせん日本の危機対応の欠如があまりにも長く批判されてきたため、日本人の多くがTHPsの監視システムを運用する自信を持たず、INPsが優越した。結果、特区は殷賑《いんしん》を極める一方で、細胞は人材と企業の流出により萎縮した。しかも非定型の知的労働の中にある定型作業を析出してAIに委ねる決断も遅れたため、その生産性の向上が他国に比べ遅れる始末となった。

だがこの路線で日本は越冬した。身の丈は昆虫に少し近づいてしまったが、ガラパゴス化することも乗っ取られることもなかった。

国語ももちろん昆虫的防衛の対象とされたが、一〇〇年の間に国語ほど被害を受けたものはない。言葉が真実を表現しているかどうかよりも、日本語らしいかどうかが問われたからだ。いっそ真実から乖離した表現の方が、日本語を守ろうとする殊勝な志の証とみなされた。

しかし国語は我々を異文化から守る外骨格などではない。我々の思考を規定する脊椎であり、内骨格である。いたわるだけでなく重量をかけることで骨を成長させるように、真実の険しさや美しさや複雑さから圧を受け、それを表現しようと苦しむのでなければ、言葉も思考も成長しない。

ところが人々は、自らの周囲のコミュニケーションすら昆虫化させる有様であった。ＳＮＳで気の合う相手とつながり、心地よい共通了解に臓器をひたらせ、外骨格の外に通用する真実をものにしているかどうかは二の次となった。

真実の堕落は、嘘の堕落をも招いた。ばれないよう、真実らしく見せようとする必死の嘘は、少なくとも言葉を磨く機会を提供する。これに対し、ばれても良いと思っている横着な嘘は、表現の粗雑さを以て、強い意志の証とする。それが気の合う人々の間で通用する光景は、正気を保った者にはいたたまれない。日本の細胞から水分が逃げだし、新陳代謝が停滞したのは、横着な嘘の蔓延《まんえん》にも一因があった。

意図しなかったとはいえ、未来暗黒昆虫神話の扉を開いたイオモドキ博士は万死に値する。彼に同情すべき点があるとすれば、二〇二〇年には虫公モドキ新社から『〈嘘〉の政治史』を出版し、横着な嘘との闘いを呼び掛けていたことであろう。だがそれこそ蟷螂《とうろう》の斧であった。

昆虫から学ぶのであれば、脱皮から学ぶべきであった。昆虫は脱皮しなければ成長できず、死んでしまう。我々の文化も、喪わなければ成長しない。伝統なるものがあるとすれば、使命を終えた習わしや言い回しの中にではなく、それらを過去の闇へと蹴り飛ばす者の助走や、それを見送る者のため息やうめき声の中に、つまり一件落着した暁には視界から消えているであろう作用の中に、恐らくは存在する。ありあわせたものをかきあつめて外骨格に格納するのは、記録としては貴重である。それを伝統と言い張ったことは、脱皮の機会を減らし、伝統の出番を奪った。気がつけば歴史を軽んずる風潮がぶり返していたのも、無理からぬことであった。脱皮を抑圧してきた反動で、刹那的な脱皮が慢性化したのかもしれない、と危惧するイオモドキ博士自身、脱皮してイオモドキベ博士にカミングアウトする始末であった。

おっかなびっくりイオモドキベ博士は、蟷螂の斧を再び手にとった。そして「脱皮しすぎても虫は死ぬんですよ」と囁《ささや》き始めた。

危惧すべきは、以上のような未来記が一〇〇年後に外れていることではなく、たかだか二〇年ぐらいの間に実現してしまうことである。想像力の乏しさを恥じる。

もっとも昆虫の複眼は、空間を見る解像度は人類の数%しかないかわりに、時間の解像度は人類の数倍ある。例えばハエは一秒の間に認識できる明暗の回数が、人類が一五〜六〇回であるのに対し、一五〇回程もある。恐らく進化の過程で、獲物や天敵の動きを素早くとらえて動けるように変わったのであろう。ということは、昆虫の主観では、二〇年の越冬は一〇〇年の長さに感じられるのかもしれない。

この時間感覚を含めて、昆虫化した日本をご披露した次第である。

ムシが良すぎるだろうか。

あとがき

「今までどんな嘘をつきましたか」。本書の取材という名目で聞いて回ることのできた楽しい歳月が、今、終わろうとしている。

本書のもとになった論考群には改訂を加え、かつ第Ⅰ〜Ⅳ部のそれぞれに長い導入を付したが、初出の書誌情報を書き留めつつ、本書ができた経緯を記して置きたい。

私が政治の観察に興味を持ったのは遅く、日本政治外交史の研究をしようと思い立った一九九五年といえば、細川護熙内閣が退陣した翌年であった。政権交代可能な、より正確には交代後の政権を担当可能な野党がどうできるかは未決の課題だと思い、戦前の野党の形成を最初の研究テーマにした。

野党が生き残ることは難しく、そのためにはレトリック、ごまかし、背伸び、その場しのぎといった、嘘と紙一重の悪戦苦闘が必要だった。研究生活の出発点から、嘘に興味を持たされたのだ。

指導教員の北岡伸一先生が還暦を迎えられる頃、門下の間で何か書こうという話になった。北岡先生は権力政治を冷静かつ端正な文章で書かれるが、理念の持つ力も認めておられて、お仕事の中には野党指導者としての加藤高明についての示唆的な論文がある。そこで私は、野党の嘘を背負った指導者の実像を書いてみようと思った。それが「進歩政党　統治の焦点――犬養毅と安達謙蔵」（松田宏一郎・五百旗頭薫編『自由主義の政治家と政治思想』中央公論新社、二〇一四年）であり、第Ⅲ部「野党　存続の条件」のもとになった。

当時、私は東京大学の社会科学研究所に勤めていた。社研での共同研究は、地域調査の機会を豊富に与えてくれた。特に福井県に通い、現代の集落のフィールドワークに従事した。明治期を専門とするのをいいことに、私は現地でお目にかかった方々に対して、無知で無遠慮な質問ばかり浴びせた。社研へのお付き合いや恩返しで調査しているのであれば、そこまではしなかった。最初の指導教員の三谷太一郎先生が郡制廃止問題や鉄道広軌化問題を取り上げて、日露戦後の政党政治の社会的基盤の解明に貢献しておられたので、私も何かしたいと気負っていたのである。

私の質問に忍耐強く答えてくださった若狭町鳥羽地区の一三の集落の皆様、そして支援してくださった若狭町役場と県庁の方々に、感謝と友情を表したい。特に大鳥羽集落は、松宮弘明氏をはじめとして、人口の半数近くが私の聞き取りに対応してくださったのではないか。何度も出没する私を見て、「どこかの家に婿さんが来たか」と思った区民もいらしたとか。文句を言わず送り出してくれた東京妻（唯一の妻でもある）の千奈美には頭が上がらない。

福井で得た知識を、日本の近現代史の知見に照らして再考することで、「近代日本のローカル・

ガバナンス――負担と受益の均衡を求めて」（宇野重規・五百旗頭薫編『ローカルからの再出発――日本と福井のガバナンス』有斐閣、二〇一五年）を執筆することができた。

世界史の知見に照らしても何か言えるのではないか、と思いついた。調査をご一緒した西洋政治思想史の宇野重規氏に構想をご相談したところ、面白がってくださり、共著で「歴史の中のガバナンス」（東京大学社会科学研究所・大沢真理・佐藤岩夫編『ガバナンスを問い直すI　越境する理論のゆくえ』東京大学出版会、二〇一六年）を発表することができた。

本書を企画してみると、私は宇野氏のアイディアや言葉を捨てるのが惜しくなった。宇野氏は、使いたいところは使い、捨てたいところは捨てなさい、と言ってくれた。社研の共同研究の精神と、それを体現した宇野氏の度量に敬服する。

これらの研究が、第Ⅳ部「地方統治の作法」のもとである。

第Ⅱ部「レトリックの効用――〈嘘〉の明治史」のもとになる論考は、雑誌『アステイオン』の読み切りとして私から寄稿を申し出たのだが、実はそれ自体が嘘であり、ずるずると連載化する、という趣向だった。連載しているうちに嘘についての議論を喚起する事件が世界中で起こり、私の思考を触発してくれた。

・二〇一五年九月十九日　安保法制成立

「嘘の明治史――福地櫻痴の挑戦」『アステイオン』八四（二〇一六年五月）

・二〇一六年六月二十三日　英国国民投票がEU離脱を選択
「嘘の明治史――循環の観念について」『アスティオン』八五（二〇一六年十一月）
・二〇一六年十一月八日　米国大統領選挙でドナルド・トランプが当選
「嘘の明治史――五／七／五で嘘を切る」『アスティオン』八六（二〇一七年五月）

実に楽しかった。この時代に裨益する者が一人くらいいても良かろう。楽しんで手放さない私の原稿を待ってくださった編集部の皆様に、御礼と御詫びを申し上げたい。

第Ⅰ部「〈嘘〉の起源――生真面目な社会」のきっかけは二〇一八年一月にパリのフランス国際関係研究所（ＩＦＲＩ）で行われたシンポジウムだった。私に与えられた発表時間は一五分ほどだったが、日本を発つ直前、フランスに詳しい外交官に「フランス人が日本に一目置く点といえば、歴史が長いことくらいです」と言われたのが心に残り、少し工夫して五〇〇年の歴史を所定の時間で説明してみた。討論者だった遠藤乾氏が活字化をお勧めくださった。

その時に雑誌『中央公論』の編集者だった吉田大作氏が「明治一五〇年について書きませんか」とお声がけくださったので、「え〜？　五〇〇年なら書きますけど」と大見得を切ってしまい、「政党から職分への５００年」『中央公論』第一三二巻第四号（二〇一八年三月）となったのだ。

補章「一〇〇年後の日本――昆虫化日本　越冬始末」は『アスティオン』編集委員長の田所昌幸先生の卓越した着想力のおかげで誕生した。一〇〇年後の日本についての特集を企画され、お誘いくださった。ちょうど、本書の執筆に行き悩んでいた頃だった。

私は二〇一四年に同じ大学の大学院法学政治学研究科に転任したが、研究室は農学部キャンパスの中にある。法学部図書室からは遠いが、農学生命科学図書館の蔵書が充実しているのであまり困らない。ただ、よく通る書架に昆虫関係の本が並んでいるのが脱線のはじまりで、「昆虫化日本越冬始末」『アスティオン』九一（二〇一九年十二月）を書いた。脱線しても結局は嘘の問題に行き着くので、本書をまとめなければ、と腹をくくった。

先にお名前を挙げた吉田大作氏が編集を担当してくださった。吉田氏は明るく、忍耐強く、判断が的確である。三つのうち一つでも欠けていたら本書は生まれなかったと思う。

成長した息子と娘が、手分けして原稿を読んでくれた。誤字脱字の指摘だけでなく、分かりにくいところを容赦なく指摘し、どうすれば読みやすくなるか一緒に考えてくれた。私は子供たちに、嘘をつくな、とはしつけなかった。少なくとも、教育の最優先事項とはしなかった。嘘はコミュニケーションの一部であり、コミュニケーションを楽しめる人に育てることを優先した。だがかなうならば、嘘を嘘だと言えるための真実や誠実が尊重される時代に生きてほしいと思っている。

二〇二〇年二月

五百旗頭　薫

五百旗頭 薫

1974年兵庫県生まれ。東京大学法学部卒業。同大学法学部助手、東京都立大学法学部助教授、東京大学社会科学研究所准教授などを経て、現在、東京大学大学院法学政治学研究科教授。日本政治外交史専攻。博士（法学）。著書に『大隈重信と政党政治――複数政党制の起源 明治14年 - 大正３年』『条約改正史――法権回復への展望とナショナリズム』。他に『日本政治外交史』（共著）、『戦後日本の歴史認識』（共編）などがある。

〈嘘《うそ》〉の政治史《せいじし》
――生真面目《きまじめ》な社会《しゃかい》の不真面目《ふまじめ》な政治《せいじ》

〈中公選書〉

著 者 五百旗頭《いおきべ》 薫《かおる》

2020年３月10日 初版発行

発行者 松 田 陽 三

発行所 中央公論新社
〒100-8152 東京都千代田区大手町 1-7-1
電話 03-5299-1730（販売）
03-5299-1740（編集）
URL http://www.chuko.co.jp/

ＤＴＰ 市川真樹子
印刷・製本 大日本印刷

Published by CHUOKORON-SHINSHA, INC.
Printed in Japan ISBN978-4-12-110105-1 C1331
定価はカバーに表示してあります。

中公選書　新装刊

101
ポストモダンの「近代」
――米中「新冷戦」を読み解く

田中明彦著

権力移行は平和的に進むのか。気候変動、貧困問題に世界は対応できるのか。「新しい中世」の提唱から二〇年余、最新の知見と深い洞察が導く国際政治の現在と未来像を提示する。

104
天皇退位　何が論じられたのか
――おことばから大嘗祭まで

御厨　貴編著

二〇一六年七月のＮＨＫスクープと翌月の天皇ビデオメッセージから三年。平成の天皇は退位し、上皇となった。この間に何が論じられたのか。残された課題は皇位継承だけではない。

106
神道の中世
――伊勢神宮・吉田神道・中世日本紀

伊藤　聡著

神道は神仏習合や密教、禅や老荘思想など、さまざまな信仰や文化を取り込んで自らを形作ってきた。豊穣な中世文化を担った、知られざる神道の姿を最新の研究から描き出す。